一流の男の勝てる服
二流の男の負ける服

政近準子
Masachika Junko

かんき出版

出勤前の朝、あなたは今、鏡の前に立っています。

この本を手にとったくらいですから、
あなたはビジネスマンで
スーツか仕事用の服を着ていることでしょう。
鏡の中のあなたはいかがですか？

なんかいつも変わり映えしないなあ。

まあ、スーツ着てるし、こんなもんかな……。

同僚、上司と比べて、遜色《そんしょく》ないくらいにはなっているかな……。

こんな感想を持たれたなら、

あなたは大きなチャンスをつかみました！

あなたはこの先、
どこに向かおうとしているのでしょう？

その答えが見つかれば、おのずと着るべき服が見えてきます。

人はその制服どおりの人間になる。

――ナポレオン・ボナパルト

という言葉がありますが、
制服を服装と置き換えてもいいでしょう。

あなたの人生は、
あなたの着ている、その服で決まるのです。

妥協した服で毎日を過ごせば、
人生そのものに妥協が生じる。

このことに、少しでも早く気付いてほしいと思っています。
そして、あなたが気付いたなら、
まだ気付いていない大多数の人の中から、抜き出ることになるのです。

はじめに

本書を手にとっていただき、ありがとうございます。

そんな大げさな……と思われたかもしれませんが、前述した、

「あなたの人生は、あなたの着ている服で決まる」

というのは、真実です！

私は、アパレル業界でデザイナーとして従事したあと、25歳のときにイタリアに移住しました。仕事関係の伝《つて》を頼りに、一流デザイナーやモードの世界で活躍する人たちの現場に直に触れ、生活習慣や文化などを吸収してきました。

帰国後、タレントやモデルだけでなく、一般の方にもスタイリングを提

案するパーソナルスタイリングを日本で初めて考案し、起業。経営者から若手ビジネスマン、そして一般の方以外にも、政治家、タレントなどを含め、今までに1万人以上のお客様にスタイリングを提供する中で、様々なことを学ばせていただきました。そして私のアドバイスやコンサルティングによって、服装に対する意識がガラリと変わり、仕事の評価を高め、実績を伸ばし、人生を一変させた人をたくさん見てきました。

そのような経験から、人は着る服によって人生を変えることができるのだと、確信しています。

ある日私のサロンに相談に来られた男性は、大手企業のエリート社員。社内でも高く評価されていましたが、ある時期からぱったりと仕事に対する意欲をなくしてしまったとのこと。しばらく故郷に帰って休養することになり、なぜかふと私のことを思い出して訪ねてきたというのです。その姿は、気の毒なほど覇気《はき》が失われていました。

でも、どんな状態でも、私のもとに来られる（行動の起こせる）方は、希望を見出すことができるのです。

彼が本当に求めていることは何か？

そのために、どんな服装が必要なのか？

なんのために、その服が必要なのか？

パーソナルスタイリストは、「その人の服装が果たす役割」という答えを導き出すことが仕事です。

私は、職場での悩みや不満を聞き取り、その上で彼の固定観念を打ち破るようなスタイリングの提案をさせていただきました。

すると、彼の姿勢や目の輝きに、明らかに変化が現れたのです。おそらく、突き抜けるという経験をしたのでしょう。袖を通した瞬間に、「これだ！」「これを探していたんだ！」と。目を覚まさせてくれる服というものが、誰にでも必ず存在するのです。

数日後、彼が見事に職場に復帰したのは、いうまでもありません。

この方は特別なのでしょうか？

いいえ、そんなことは決してありません。

彼がそれまで着ていた服を省《かえり》みて、「替えよう！」と思った瞬間、彼の意識の中のスイッチが押されたはずです。


心理学の面からも、身につける服が人間の心理や行動に果たす役割について研究され、実証されてきています。

社会心理学者である神山進《こうやますすむ》氏によると、被服には3つの社会・心理的機能があるそうです。1つ目は被服によって自分自身を確かめ、強め、また変えるという「自己の確認・強化・変容」機能。2つ目は被服によって他者に何かを伝えるという「情報伝達」機能。3つ目は被服によって他者との行為のやりとりを調整するという「社会的相互作用の促進・抑制」機能です（『被服行動の社会心理学──装う人間のこころと行動』神山進編集、高木修監修、北大路書房より）。


この「服の持つ3つの機能」を認識し、効果的に活用することにより、

人は自己肯定感を感じるだけでなく、社会的存在価値を高めることができるのです。そのためのノウハウを本書でご紹介していきます。

資格を取る、スキルを学ぶ、そういった前向きな行動を起こすことにより、良い結果がもたらされることもあるでしょう。しかし、それと同様に、いえそれ以上に、服装を替えるだけで一瞬にして人生をより良いものに変えていくことが可能なことを、知っていただきたいのです。

本書では、まずは読者の皆さんの服に対する意識を変えていただき、そのあとに具体的なノウハウをお伝えする構成になっています。

タイトルは『一流の男の勝てる服 二流の男の負ける服』とありますが、内容は、ビジネスマンの着こなしの基本を、できるだけわかりやすくまとめています。一流の方ほど基礎や基本が、しっかりと身についているものです。

また、〝一流の服〟や〝一流の着こなし〟にも、いろいろな考え方があっていいのです。服飾に関しての理論を講じるより、実践することを優先してほしいと思っています。頭で考えるだけではなく、第一歩を踏み出し、「服を感じる」という感覚を大切にしてほしい。やってみて、自信が持てれば、それでいいのです。

これまで自分が身につける服に関心がなかったという人ほど、チャンスは大きく、成果が早く出ます。あなたを見る人の目が、一瞬で変わるのです。

何をしても変わることができなかったとしたら、ぜひ一度、「服の力」というものを試してください。その一歩が、必ず人生を変えていきます。

２０１３年２月

政近準子

一流の男の勝てる服
二流の男の負ける服

Contents

Chapter 2 武器としてのスーツ

Chapter 3

スーツ以外でも発揮される「服の力」

Chapter 4
「服」でコミュニケーション能力を高める

Chapter 5 「服の力」は細部に宿る

カバーデザイン／井上新八
本文デザイン／佐藤千恵（ラクシュミー）
イラスト／ソリマチアキラ
制作協力／中村龍太（ファッションレスキュー）
企画・編集・DTP／ラクシュミー
カバー写真／アマナイメージズ
素材提供／© japolia - Fotolia.com

Chapter 1

「服」に対する意識を変える

Message 1

80％以上の人は、おしゃれはお金持ちがするものだと思っている。

「おしゃれをしたい＝お金がかかる」

これは大いなる勘違いです。

確かにお金をかければ高級感を出せるし、着心地もいいし、いいことはたくさんあるでしょう。しかし仕事のできる男性は、現在の身の丈に合わせて身なりを整え無理をせず、工夫やコーディネート力で自分をランクアップさせてみせる術を知っています。

使えるお金がたくさんあってもセンスがなく悪趣味な人もたくさんいます。一方で、限られた予算の中でのコーディネートで好印象を保てる人もいます。その秘訣は、「チョイスのしかた（価格とクオリティーのバランスのとり方）」（68～71ページ参照）と「手入れ」（72～75ページ参照）にあることを覚えておきましょう。

一流の男は、「おしゃれ」＝「財力」ではないことを知っている。

First-class man

Message 2

今年こそは変わりたいと
自己啓発セミナーに行くのもよい。
しかし、服装を替えたほうが効果絶大。

自己啓発セミナーへ何度も通い、内面を鍛えたはずなのに、これといった効果を感じられなかったという男性のお客様が来られました。セミナー参加への自己投資は大胆にできても、服装への投資はずっと躊躇《ちゅうちょ》されていたとのこと。奥様からも「服にお金をかけるなんて、もったいない」とまで言われていたのです。

そこで、「どう変わりたいのか」を明確にし、「それらしく見せることも大事」という私のアドバイスに納得してスーツを新調したところ、新しい仕事が舞い込んだという喜びの声をいただきました。そして、セミナーで得た人間力が、そこから生かされるようになったのです。

服装がすべてだとは言いませんが、「服装で損をするのはもったいない」「もっと服装でも、あなたの生き方を表現するべきだ」と思うのです。

一流の男は、「見た目」の重要さを知っている。

First-class man

Message 3

服を妥協すると、
人生にも妥協が生じる。

思い切るときというのは、誰にでも必ずやってきます。言葉を換えると、「チャンス」です。でも、それに気付かずチャンスを逃しているビジネスマンの、なんと多いことでしょう。

たとえば昇進を望んだり、起業を考えたときは、それに伴う服装も必要です。いわゆる「勝負服」というやつです。この「勝負服」を意識するようになると、チャンスをつかみやすくなります。本当に出逢いたかった人に出逢えたり、やりたかった仕事が舞い込んできたりするのです。

服への妥協は、毎日に張りがない証拠です。まあこれでいいか、という服を着ていても、決して自分を上げられることはありません。

ここぞという勝負時に、それまでの自分には着こなせなかった服に挑むことも、人生でのひとつのチャレンジです。

一流の男は、「勝負服」の着こなし方を知っている。

First-class man

普段からの服への意識がいざというときの勝敗を決める。

スピーチコンテストで何度も入賞しているのに、なぜかあと一歩でいつも優勝を逃してしまう男性がいました。

「スピーチはいいんだけど、見かけが悪い」と審査員からだめ出しをされたというのです。

「本当は、服に頼らなくたって優勝できると思っているんでしょ？」

「本番用のコーディネートさえ私に決めてもらえばいいなんて思っているようではだめ。普段から底上げしなくちゃ」

服の持つ力を知ってほしくて、ガツンと言わせてもらいました。

服の本質的なパワーを知ると、それを身にまとい、いろいろなことに挑戦することが楽しくなります。そういう意識がある人とない人の人生が、同じわけがありません。

一流の男は、服の本質的なパワーを知っている。

First-class man

Message 5

まずは体をつくる。
草食男子と言っている場合ではない。

日本では「自分は草食男子」と公言する若者や、薄っぺらい体型の男子が急増しています。今の若者が理想とする体型は、胸から腰にかけて同じくらいの薄さの、風に吹かれて飛ばされそうな細い男性なのだそうです。

スーツを着るときは、「戦闘服」という意識を持ちましょう。軍服はスーツの原型であり、男性の服飾の歴史も戦争とともに大きく変化してきました。ネクタイ、ブレザー（ブレイザー）なども、軍事上のものがルーツです。

現代の戦闘服でもあるビジネスウェアこそ、戦いに臨むくらいの気持ちを持ちながら、スマートに着こなしてほしいもの。

着こなしのポイントは、「肩と胸で着る」という意識。貧弱な肩幅や胸板ではスーツを着たとき、その魅力が半減してしまいますので、適度な筋トレも必要です。美しい肩のラインと胸板は、男の勲章なのです。

一流の男は、「肩と胸で着る」ことを意識する。

First-class man

Message 6

社長がおしゃれになると
社員のモチベーションが上がる。

定期的にコンサルティングを受けてくださっている経営トップの某氏。コーディネート改革を実践して変化があったことは何かと伺うと、「意識が変わった」「コミュニケーションがスムーズになった」「積極的になった」と力説してくださいました。さらに興味深かったのは、「社長がおしゃれになったことで部下や社員が喜んだ」「入社試験を受けに来る人のレベルが上がったと感じる」というもの。「服の力」と「効果」を教えていただきました。アメリカの元大統領リンカーンは閣僚の起用に外見を重視し、ケネディも外見を戦略的に活用して成功したともいわれています。

経営者やエグゼクティブの方々には仕事の一部として、もっと服装に意識を向けていただきたいと思っています。その服装が、どれほど社会に影響を与えているのか、実感してみてください。

一流の男は、仕事の一部としておしゃれを実践している。

First-class man

Message 7

リーダーを目指すなら、「憧れ」を持たれるべき。

一流の男は、人のために装い、理想の存在になれる。

私のお客様には一流企業の経営者や政治家など、著名な方もたくさんおられるのですが、皆さま、たいへんな時代だと言われながらも、定期的な洋服のケアを決して怠ることはありません。それどころか、今こそ外見と、そのメッセージ性が非常に重要だと語られ、前向きな投資をされています。

影響力の大きい方たちが背負われている社会的責任の重さは、その身になってみなければわからないことも多いでしょう。そんな重圧を背負う気概を持つことも、尊敬を集めるリーダーの条件のひとつです。

自己満足ではなく他人のために装える人は「憧れ」の存在となり、人々を幸せにすることができます。

Message 8

成功していく人たちの装いは、
奇をてらわず、品がにじみ出る。

一流の男は、かもし出すオーラに自信があふれている。

First-class man

良いものを身にまとうと、人生は良いほうへ向かっていきます。そのとき人は、身のこなしから、洋服の扱いから、発する言葉から、かもし出す雰囲気までも、少しずつ変化していくのです。もちろん、良いほうへ。あなたにもぜひ、そのことを体感していただきたいと思います。

ここでいう良いものとは、高級なものということではなく、価格とクオリティーのバランスがとれているもの（68〜71ページ参照）。

成功していく人たちは、「これを着ていれば大丈夫」という自信を持てる服を身につけていきます。それが、「良いものを身にまとう」ということ。

そんな服装のパワーを制したときにまとえる自信のオーラが、きっとあなたに、本質的な輝きを与えてくれるはずです。

【「服」に対する意識を変える編】

Checklist チェックリスト

□二流の男は、「おしゃれ＝お金がかかる」と思っている。

□二流の男は、着回し用のヘビロテ（ヘビーローテーション）服しか持っていない。

□二流の男は、勝負服を持っていない。

□二流の男は、「まあ、これでいいか」という服を着ている。

□二流の男は、みんなと同じ格好をしていたほうが安心する。

□二流の男は、特別なときだけ、おしゃれをしたい。

□二流の男は、ビジネスシーンでも、必要以上に目立ちたがる。

Chapter 2

武器としてのスーツ

Message 9

基本を知らないでスーツを着るくらいなら会社に制服を作ってもらったほうがマシ。

Chapter 2

武器としてのスーツ

一流の男は、スーツの基本を知っている。

First-class man

スーツスタイルに、基本があることを知っていますか？

ビジネススーツの基本色は、「ダークネイビー（濃紺）」または「ダークグレイ（チャコールグレイ）」。スーツの色はダークなほどフォーマル度（公式度）が高くなります。

「黒」と「茶」はビジネススーツのベーシックカラーではないので、特に注意が必要です。若い人が好む黒のスーツや個性を強調する茶のスーツを選ぶときは、職場の雰囲気をよく観察して判断してください。

街を歩いているビジネスマンを見て思うことは、残念ながら、そんなスーツの基本さえも、理解されていないのではないかということ。

そもそも、パンツのポケットにパンパンにモノを入れる、そんなオヤジ的着こなしは、今日からやめましょう。

それなりにお金があるなら、
素直にスーツに投資して損はない。

たいへん優秀なビジネスマンで、社内評価もバツグンなのに、いかにもという廉価スーツで毎日出社する方がいました。

見るに見かねた上司の方から、こんな依頼があったのです。

「このままでは昇進させられないので、なんとかしてあげたいのですが」

実はこういった相談は、意外に多いのです。「服装が原因で昇進を逃すなんてありえない」と思われるかもしれませんが、これは実際に起きていることなのです。

もう何年も同じ価格のスーツを着ている人は、今までの2着分の金額を、必要経費と思って新しいスーツに投資してみましょう。服にかけるお金の優先順位を上げてみるといいでしょう。

未来への期待度は、服装でもはかられているのです。


一流の男は、厳選したスーツに、きちんと投資している。

戦略的にスーツを着る。攻める、馴染む、引く。

Chapter 2

武器としてのスーツ

会社のトップや役員の年齢が50代以上の場合、自らの身だしなみには、特に気をつけなければなりません。スーツの選び方ひとつで熟年層に、あなたの採用、昇進を左右されることもあるのです。

スーツを購入する場合、新入社員のうちは、流行のタイトなデザインや短いパンツ丈のスタイルより、安定したサイズ感のものを選び、上層部や取引先への気遣いを感じさせましょう（引く）。ただし、フレッシュさや清潔感は、忘れないように。

プレゼンテーションの場では、ネクタイとスーツの色のコントラストを意識して自信を表現しましょう。ネイビースーツにワインレッドの小紋柄のネクタイなどの組み合わせは、効果的な一例です（攻める）。

取引先との商談の際は、ダークスーツを着用し、全身のトーンを合わせて信頼感をアピールしましょう。たとえば、ブルー系やグレイ系のストライプのネクタイを合わせてみるのもいいでしょう（馴染む）。

ある一流企業の秘書の話では、仕事のできる幹部候補社員のうち、会社のトップや役員などに可愛がられているのは、流行を追わず、地味でも誠実感の感じられる風貌の社員なのだそうです。

反対に、女性社員ウケしているのは、トレンドをうまく取り入れていて、見た目にもデキる男というイメージの若者。

ある日、役員室でこの2つのタイプのある社員の話題になったとき、役員に圧倒的に評価されていたのは、前者のほうだったそうです。

プロゴルファーの石川遼君と好ライバルの池田勇太君の二人を思い出しますが、中高年の男性から熱く支持されているのは、池田プロのほうだそうです。

女子人気は石川プロが完全勝利ですが、服装や身のこなしに昭和のかおりがただよう池田プロは、おじさま年代に密かな人気なのだとか。

もちろん実力が伴っての人気ですが、どちらも「引く」「攻める」「馴染む」の戦略をそれぞれの個性に合わせてうまく取り入れているので、関心をもって見ています。

あなたの会社の環境は、いかがでしょうか？　環境に合わせてあなたの個性は生かされているでしょうか。

自分の立場、立ち位置、身の丈を知り、「引く」「攻める」「馴染む」いずれかの戦略で、上司や取引先の信頼を勝ち取ってください。

一流の男は、スーツの選び方で評価が変わることを知っている。

First-class man

Message 12

最低限サイズが合っていれば、
スーツはビジネスマンの七難《しちなん》隠す。

※七難……多くの欠点、難点

Chapter 2

武器としてのスーツ

日本のビジネスマンのほとんどは、大きめのサイズのスーツを選んでいます。どうしてなのかと原因をつきつめていくと、そのルーツは、どうやら学生服にあるようです。

中学の入学式を思い出してみてください。サイズのぴったり合った制服を着て入学式に参列する男子学生はどれほどいるでしょう。

いずれ成長するからと、少し大きめの制服を着せられてきた名残というか、着ごこちが体にしみついてしまっているのです。日本のビジネスマンが大きめのサイズのスーツをいつまでも好むのも、理解できるような気がします。

戦前の日本では、どこの家庭でもスーツは必ずオーダーメードで誂《あつら》えていました。戦後、既製品が出回るようになってから、スーツのサイズを細かい体の部分まで合わせるという感覚を失ってしまったのかもしれません。スーツのサイズを自分の判断だけで選ぶということにも、限界があるようです。

また、スーツのサイズ感は不思議なことに、世代によっても違います。世代によって洋服に感じている「偏り」とか「癖」みたいなものがあり、これにはこれを合わせる、こうじゃないと変だと思いこんでいる常識が、それぞれの世代によって様々です。

バブル世代の男性のスーツはやたら大きめですし、バブル後はスーツにすら興味がないという経営者も存在します。

スーツを選ぶ際には、世代と時代背景も考慮する必要があるのです。

今一度、着慣れたサイズ感を見直してみましょう。

スーツのサイズ合わせ（フィッティング）のポイントを覚えて、自分の体型にふさわしいスーツがどんなものかを知っておきましょう。

確認すべきは、肩と胸のフィット感。さらに背中や袖によけいなシワがよっていないか、動いたときの着心地はどうかを確認します。背中に縦のシワが寄っていたら、それはサイズが大きいということ。横にシワよっていたら、小さいという合図です（78・79ページ参照）。

自分の基本サイズがわかったら、違うメーカーやブランドの同じサイズのスーツを最低3着は着てみましょう。

鏡に映して見て、スーツを着た自分の姿を何度も見てみましょう。

違うお店にも行って、試着を繰り返してみましょう。

そんな習慣と環境が整っている人に、残念な格好の人はほとんどいません。

一流の男は、サイズの合ったスーツの着心地を知っている。

First class man

Message 13

賢いスーツの選び方を知ることが、
勝利者への近道。

スーツは、本当に奥が深い世界です。高いものなら絶対に良いというわけでもなく、安ければ恥ずかしいということでもありません。上質な素材を用いた高級ブランドスーツであっても、着る人のライフスタイルに合わなければ、宝の持ち腐れとなってしまいます。上質なものほど生地が繊細で、テカリが出やすかったり、傷むのも早かったりします。

職種に応じた用途、着用頻度、想定できる動きなどがきちんと分析できていると、賢いスーツの選択もできるようになります。

営業職か事務職か、マネジャーかプレイヤーか、社長か新人か……などなど。それぞれの役割に合わせたスーツの選び方を知ると、ステップアップも早くなります。

一流の男は、自分の役割に応じてスーツを選択できる。

First-class man

Message 14

ハンドメードやカスタムメードを過信しない。

ハンドメードやカスタムメード（オーダーメード）のスーツがステイタスだと憧れる男性が多いようですが、やみくもに飛びつくのは危険です。耐久性が低いハンドメードも存在しますし、**フルオーダーで体のサイズに合わせすぎて体型の悪さを誇張してしまうケースもあります。**

オーダーメードスーツは、「パターンオーダー」「イージーオーダー」「フルオーダー」の3種類に大きく分けられ、フルオーダーにも「ハンドメード（手縫い）」と「マシンメード（ミシン縫い）」の2種類があります。どのようなオーダーシステムを選ぶのかによって、価格にも品質にも、かなりの差が現れます（81ページ参照）。

特にオーダースーツを作るときに気をつけたいのは、テーラーの選び方によってスーツのよし悪しがほぼ決まってしまうということ。

「テーラー」とは「紳士服専門の仕立て屋」のことですが、スーツ発祥の地イギリスでは、「ビスポークテーラー」という職人がいます。

「ビスポーク」とは「依頼者と作り手とが話し合って服を仕立てていく」

という意味。要望に応えたスーツを作るために依頼者と話し合いながら、採寸、型紙起こし、縫製などの一連の作業工程を手作業で仕上げるというプロフェッショナルだけが「ビスポークテーラー」と呼ばれるのです。

日本にも「ビスポークテーラー」はいますが、近年とみに希少な存在になりました。テーラーの仕事も分業化されるようになったため、幅広い意味で「テーラー」という言葉が使われています。

ここで、信頼できるテーラーの選び方についてお伝えしましょう。

ビジネススーツをオーダーする際は、オーダーする側の置かれている立場やビジネスシーン、着用するシチュエーション（座って行う仕事か、立ち仕事か）、クライアントやお客様に対する姿勢、ライフスタイル全般などをテーラーがきちんと理解しているか、それらに対するヒアリングと評価がていねいで的確にできているかどうかで判断できるでしょう。

技術面では、「採寸方法」で見ることができます。細かく採寸箇所をチェッ

クするだけではなく、着心地の好みやスーツの着方、動作の癖を考慮し、着映えのバランスまで考えてサイズ調整ができるテーラーが望ましいのです。
また、テーラーに任せきりではいけません。質問にははっきり答えられるようにしておくこと。あらかじめ自分のパーソナリティーや社会での役割をしっかり理解しておくことも大切です。

オーダースーツは「1着目から満足できる可能性は低く、2着目、3着目と改良して仕上げていくもの」という説が当たり前のように言われていますが、1着目であろうと何着目であろうと、不満足な点があれば正直に伝えて、改善すべきだと思うのです。1着目ほど、テーラーの持ち味や想いが込められるものなのです。

一流の男は、極上のテーラリングを知っている。

First-class man

デキる男のスーツの着こなしは、Vゾーンのバランスが決め手。

男性のスーツの着こなしは、シャツ、ネクタイ、スーツの3点で構成されるVゾーンのバランスがとれているか、構成要素の相性が良いかどうかが、重要なポイントになります（82ページ参照）。

このVゾーンのバランスが決まらないと、どんなに高価なスーツを着ても、ちぐはぐな印象になるのは否めません。

よく見ると、**スーツ姿の胸元は、複数の三角形の組み合わせ（Vゾーン・ラペル〈スーツの下襟〉・シャツの襟・ネクタイの結び目など）で成り立っています。**

美しい男性の体のラインが逆三角形で表現されてきたように、胸元のVゾーンの美しさが、デキるビジネスマンの象徴になると認識しましょう。

一流の男は、Vゾーンで、デキる男を演出する。

First-class man

メンテナンスを怠らない姿勢が
理想の仕事を呼び寄せる。

一流の男は、スーツのブラシかけを習慣にしている。

First-class man

スーツ、シャツ、パンツ（スラックス）のお手入れ、どうされていますか？

日本では、クリーニングに出せばOKと思っている方が多いようですが、実は、上質なものほどクリーニングには弱く、生地のダメージは想像以上にあると考えたほうがいいのです。

決してクリーニング批判ではないことをご理解いただきたいのですが、大切なのは、クリーニングだけがお手入れではないと知ることです。

スーツはクリーニングに出す以上に、毎日のブラシかけが長持ちの秘訣です（72・73ページ参照）。

パンツの折り目（クリースライン）をきれいにピシッと入れる。靴は1日履いたら2日休ませる。そして、自分でできることは自分でする。こうした積み重ねが、お金では買えない「一流の身だしなみ」を作り出します。

How To

「身の丈」に合わせて価格とクオリティーのバランスを整えたコーディネートは、着ている人に馴染み、本当の「存在感」を引き出します。

※ポジションや価格は、あくまでも目安です。あてはまらなくても間違いではありません。
あなたが周りからどう見られたいかが大切です。

**予算トータルで
7万円以内**

入社1年目〜

5〜7千円前後のシャツ

【おすすめの購入場所】
Maker's Shire 鎌倉
(鎌倉シャツ)、
カミチャニスタ等の
シャツ専門店など

4万円以下のスーツ

【主な購入場所】
量販店、スーツ専門店
など

2万円程度の靴

【主な購入場所】
ドレスシューズ専門店など

チョイスのポイント!
スーツの価格は下げても靴は2万円以上をキープ

価格とクオリティーのバランスのとり方

※「身の丈」に合わせながら、レベルアップに向かう。

予算トータルで
15万円以内

中堅クラス〜

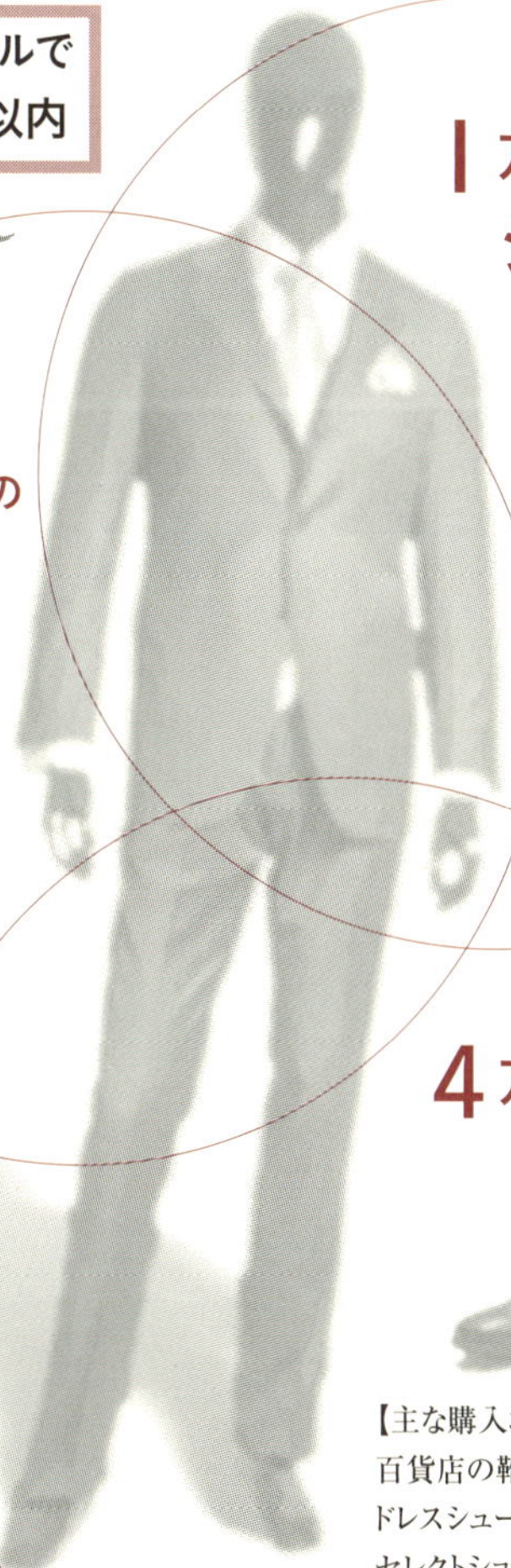

1万円前後の
シャツ

【主な購入場所】
百貨店のシャツ売り場、
セレクトショップ、
シャツ専門店
（オーダーシャツ）
など

4〜10万円の
スーツ

【主な購入場所】
スーツ専門店、
セレクトショップ、
百貨店
（パターンオーダー）
など

4万円程度の
靴

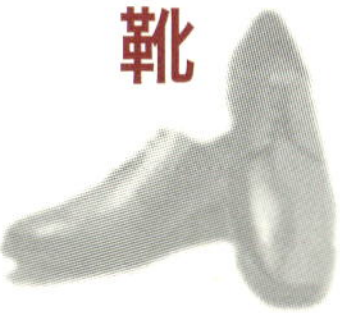

【主な購入場所】
百貨店の靴売り場、
ドレスシューズ専門店、
セレクトショップなど

チョイスのポイント！
靴は製法をチェックして品質の良いものをセレクト

※ポジションや価格は、あくまでも目安です。あてはまらなくても間違いではありません。
あなたが周りからどう見られたいかが大切です。

予算トータルで
16~30万円

部長職クラス~

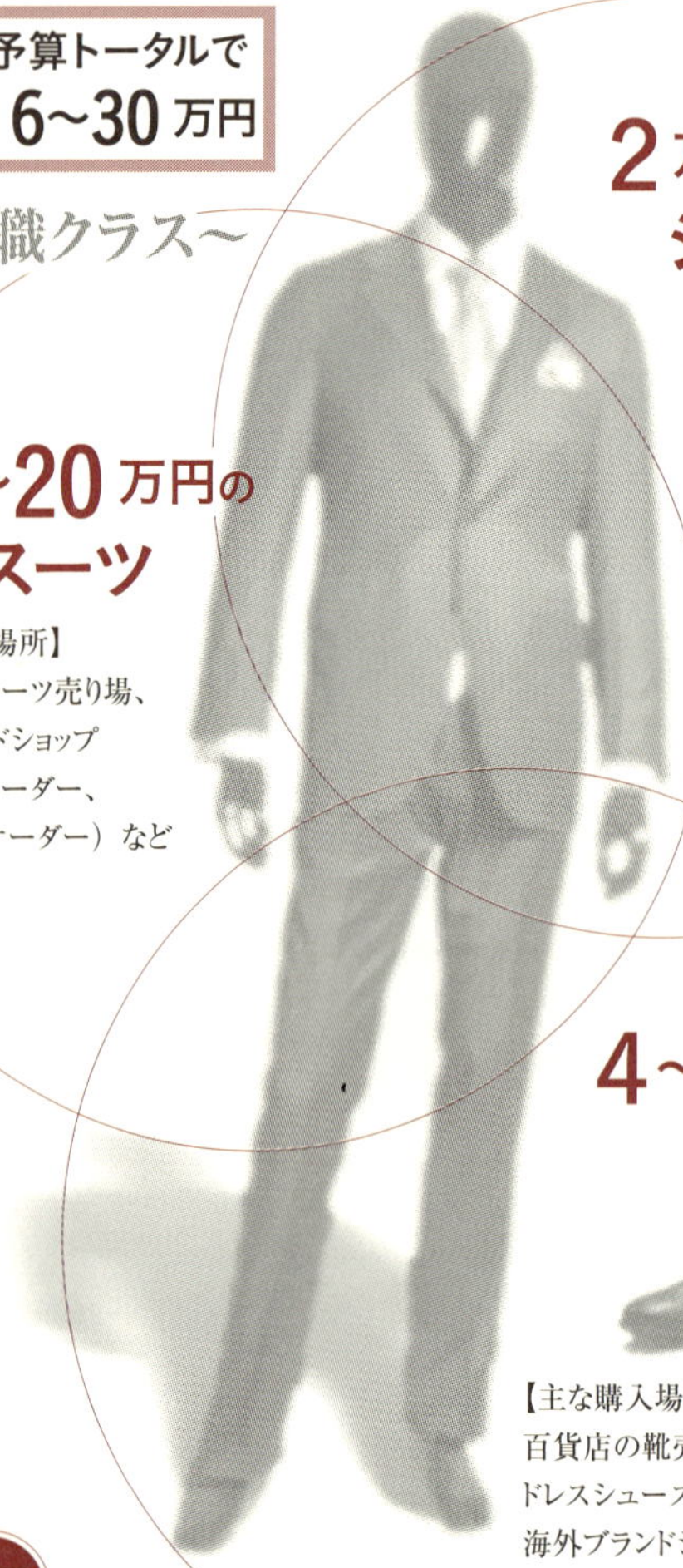

2万円前後の
シャツ

【主な購入場所】
セレクトショップ（インポート）
シャツ専門店
（オーダーシャツ）
など

10~20万円の
スーツ

【主な購入場所】
百貨店のスーツ売り場、
海外ブランドショップ
（パターンオーダー、
イージーオーダー）など

4~9万円の
靴

【主な購入場所】
百貨店の靴売り場
ドレスシューズ専門店
海外ブランドショップなど

チョイスのポイント！
定期的なメンテナンスを前提にチョイス

※ 高い技術力による逸品の存在も知る価値がある

チョイスのポイント！ 価格重視ではなく、クオリティーのバランスを整える

手入れのポイント!

休日には、シワのチェックを

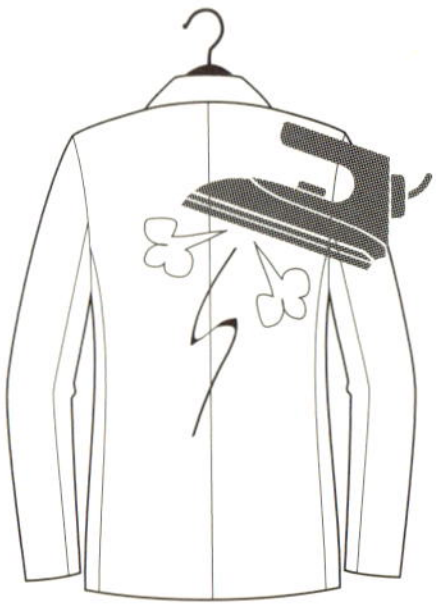

スーツやジャケット、パンツ類は、きちんとハンガーにかけておくと、着用してついたシワは伸びて、たいてい元に戻りますが、2日前に着たスーツにシワが残っていたら、対処をしておきましょう。
スチームアイロンを使うと、シワを簡単に取ることができます。衣類をハンガーにかけたまま、アイロンが直接触れないように生地から少し離してスチームをあてます。

おすすめの洋服ブラシ

イシカワの洋服ブラシ（馬毛）

合成繊維のブラシより、静電気が起こりにくい天然獣毛（豚毛・馬毛）の洋服ブラシがおすすめです。天然素材のブラシは、1万円前後から購入することができますが、余裕があれば一生ものの高級ブラシを1本購入することをおすすめします。

私が使用しているのは、「イシカワ」のブラシ。ブラシ職人・石川和男さんの匠の技による逸品です。馬の尾脇毛（馬の尻尾の毛の中でも厳選された毛）を使っており、価格は4万円台からと高額ですが、ブラッシングをすればするほど効果を実感しています。

【主な洋服ブラシメーカー】

イシカワ、江戸屋、KENT（イギリス製）、REDECKER（ドイツ製）

一流の身だしなみは衣類の手入れから

※ 洋服の手入れ（ブラッシング）

【注】
スーツやコートなど水洗いできない洋服の手入れは、クリーニングに出すよりブラシかけが効果的。着用したあとの毎日の手入れが、衣類を一番長持ちさせます。

手入れのポイント！

基本ブラッシングは習慣にする

天然素材やウールは、常に呼吸をしています。
着用してついた汚れは、
その日のうちに落とすのがベストです。

1 外出先から戻ったら、脱いだ洋服はハンガーにかける。

↓

2 下から上に向かってブラシをかけ、ホコリや汚れをかき出す。

↓

3 上から下に向かってブラシをかけ、生地の繊維を整える。

手入れのポイント！

2週間に1回は、ラペルの裏とポケットの中もケア

ラペルの裏側やポケットの中は
汚れがたまりやすいので、
ラペルを返し、ポケットは中袋を取り出して
ホコリを払っておきましょう。

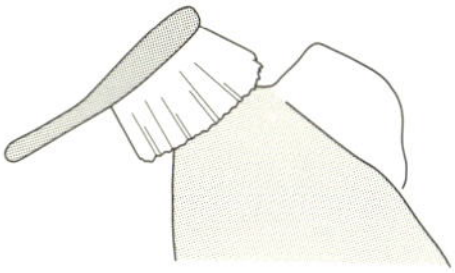

※ ビギナーのための靴ケア用品の揃え方

手入れのポイント！

靴の手入れに必ず揃えたい道具は以下の3点。

① シューキーパー（できれば木製）を 1 つ。

② 靴ブラシ

③ 靴クリーム（乳化性のもの）

※靴を磨く際に何を使っていいかわからないという人は、手始めに靴ケア用品メーカーのスターターセットを購入してみるといいでしょう。シューキーパー以外の必要な道具が揃っており、セット価格で 2,000～3,000 円くらいから購入できます（セット内容：靴クリーム、リムーバー、靴ブラシ、竹ブラシ、ミニクロス、乾燥剤、ミニシューホーンなど）。その他、木箱入りなどのセットもあります。女性が男性にプレゼントするなら、ネクタイよりも靴磨きセットのほうがおすすめです。

※シューキーパーは、靴の数だけ揃えるのが理想ですが、難しい場合は、木製のものをまず 1 つ購入しましょう。それ以外は数百円で買い求められるリーズナブルなものもありますので、必要な数だけ揃えてみるといいでしょう。

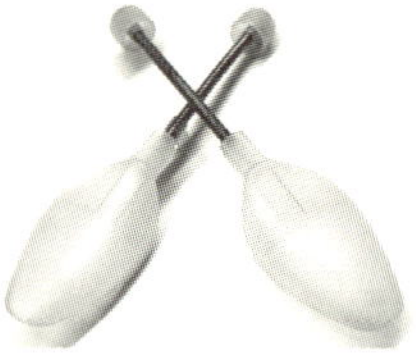

【主な靴ケア用品メーカー】

M. モゥブレィ（イタリア）、サフィール（フランス）、

コロニル（ドイツ）、KIWI（オーストラリア）、コロンブス（日本）

シューケア用品を揃えよう

※ 靴の手入れ

【注】
靴の手入れは、新品をおろすときからはじめます。汚れる前に予防をしておくのです。靴クリームを全体に薄く塗ったあと、防水保護スプレーをかけておきます。

手入れのポイント！

習慣にできる、超簡単な靴の手入れ方法

靴の手入れに慣れていない方や初心者の方は、
基本の2ステップを実践してみましょう。

1 外出先から戻ったら、
靴にシューキーパーをセットする。

2 靴ブラシをかけて、
汚れを落とす。
靴底も忘れずに！

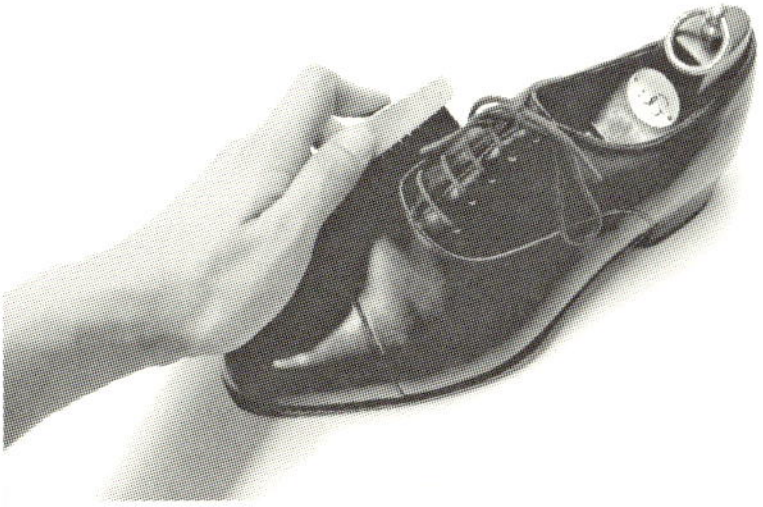

手入れのポイント！

2週間に1回は、靴クリームを靴全体に塗っておく

チョイスのヒント!

※ 購入する前にしておくべきセルフチェック

社内で、社外で、訪問先で、評価を上げる着こなしをするためにも、あなたと社会との関係性を把握しておくことが大切です。

- □ あなたの職業はなんですか?
- □ どこに所属していますか?
- □ 営業職ですか、事務職ですか?
- □ マネジャーですか、プレイヤーですか?
- □ あなたの職場でのポジションは?(役職など)
- □ あなたの職場の平均年齢は?
- □ あなたの職場の男女比は?
- □ あなたの顧客の年齢層は?
- □ 訪問先の平均年齢は?
- □ 訪問先の男女比は?
- □ あなたが社内で求められていることはなんですか?
- □ 社内でどのように見られたいと思っていますか?
- □ 訪問先との関係性は?(立場が上か下か)
- □ あなたが社外で求められていることはなんですか?
- □ 社外でどのように見られたいと思っていますか?
- □ どのようにステップアップしたいと思っていますか?

チョイスのポイント!

ビジネススーツは、流行を追わなくていい

※トレンドは意識する程度でいいが、知識として知ることは必要。

ビジネススーツ選びの基本

※ 必ず必要なビジネススーツはこれ！

ダークネイビーの無地

または

ダークグレイの無地

ビジネススーツの基本色は、ダークカラーの無地。その上で、着る人の置かれている状況や環境によって、スーツ選びのポイントは変わってきます。

チョイスのポイント！

基本色 ＋ 環境に合わせた着こなしを考慮する

76ページのチェック内容をふまえて、以下のような配慮をするといいでしょう。

- **仕事中の動作を想定して、動きやすさを考慮する。**
- **新入社員は上司の着こなしを参考にして同調させる。**
- **若い人が多い職場では、特にサイズ感に気をつける。**
- **自己表現が必要とされている職場では、個性が光るひと工夫も必要。**
- **平均年齢が高めの職場や訪問先では、信頼感を感じさせるベーシックなスタイルにする。**
- **女性が多い職場や訪問先では、全体の配色を明るくしたほうが反応がいい。チーフやカフスボタンなど、小物使いの演出もプラスする。**

※ 試着の際に、自分で確認するチェックポイント

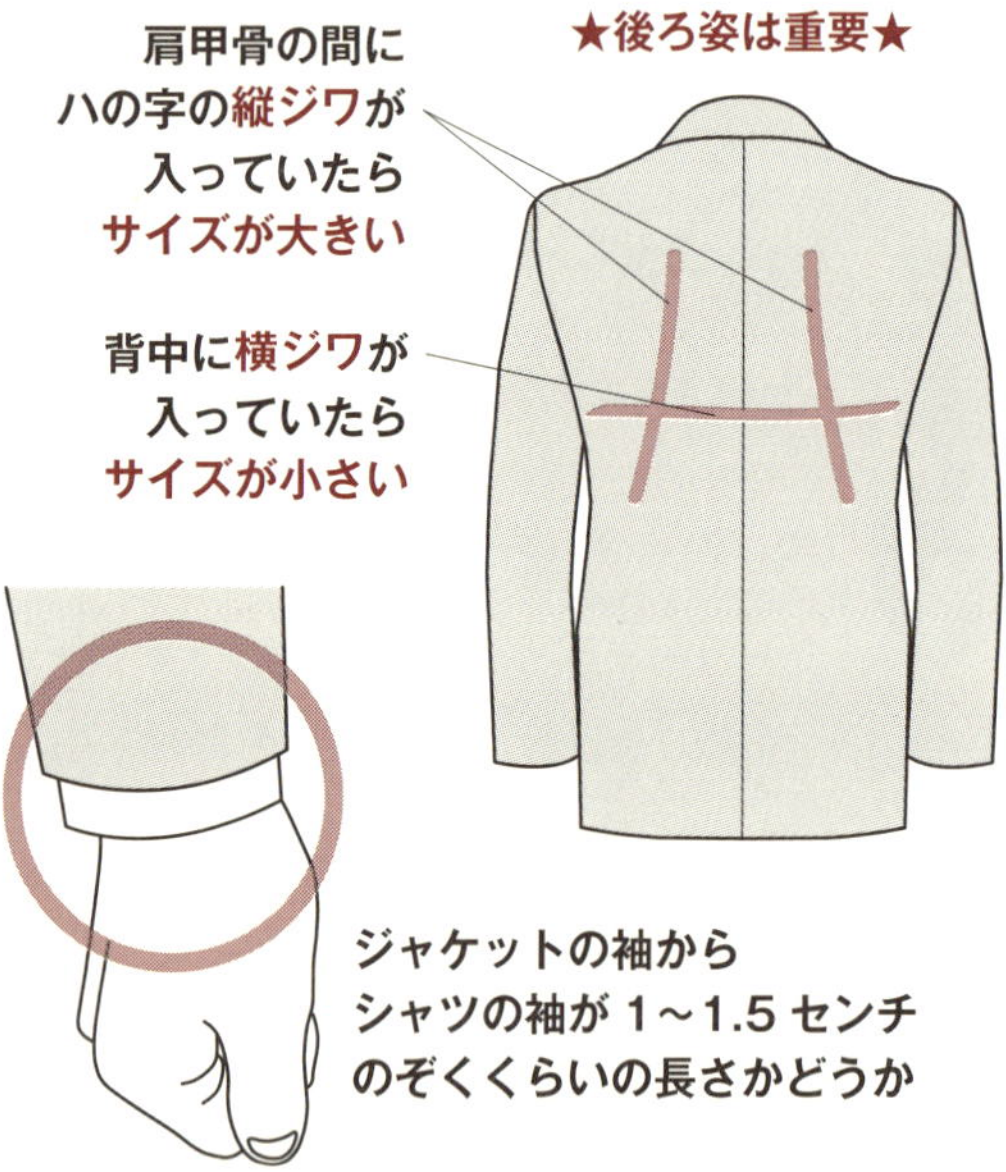
★後ろ姿は重要★
肩甲骨の間に
ハの字の縦ジワが
入っていたら
サイズが大きい
背中に横ジワが
入っていたら
サイズが小さい
ジャケットの袖から
シャツの袖が 1～1.5 センチ
のぞくくらいの長さかどうか

お役立ちポイント!

既製品のスーツでも、袖丈は直すものと心得る

既製品のスーツを購入するのであれば、袖丈は直すものだと思っておいたほうがいいでしょう。一般に、スーツの袖丈が長い方が多すぎると感じています。購入時にパンツの裾丈を直すのが当たり前のように、袖丈も同様に自分のサイズに直してしまいましょう。

費用は、一般的に 1,500 円程度ですが、店舗によっては無料で直してくれるところもあります。

スーツのサイズ合わせに必要なこと

※ 採寸はプロに任せ、自分のサイズは記録しておく

体にぴったり合ったスーツを見つけるためには、自分のサイズを知らなければなりませんが、自分で採寸するのはなかなか難しいもの。そこでおすすめしたいのが、スーツ専門店を利用して、プロにサイズを測ってもらうことです。きっちり測ってもらったサイズをメモしてもらい、持ち帰って自分でも記録しておきましょう。

※ フィッティングの手順

1. 自分のサイズを知る（スーツ専門店を利用）。
2. 違うメーカーのスーツなど、３着以上試着する。
3. 自分の目で見て確認し、着心地の違いを感じてみる。
4. サイズの目安がわかったら、同じ商品のひとつ上のサイズ（またはひとつ下のサイズ）も試着して、再確認する。
5. 自分に合ったサイズ感が把握できたら、サイズをメモしてもらい、持ち帰る。
6. 採寸場所（店舗名）と日時、ブランド名、メーカー名、サイズを記録しておく。

お役立ちポイント！

着慣れたサイズ感を見直してみる

着慣れたサイズ感も、本当に自分に合っているか、確認してみましょう。若い人は小さめを好みがちなので、いつもより１つ大きめのサイズを、年配の方は大きめが好きな傾向にあるので、１つ小さめのサイズを意識して、違うメーカーだけでなく、いろいろなサイズのスーツを実際に試着してみることをおすすめします。

伝統的スーツの特徴から学ぶ

イギリスで誕生し、アメリカとイタリアに伝わり、それぞれのスタイルを築き上げたベーシックなスーツスタイルは、スーツのデザインの基本となるものです。現在日本で販売されているスーツの多くは、日本人の体型に合わせ、いずれかのスタイルをミックスして作られたものが主流です。自分の体型にマッチするスーツスタイルは、基本の特徴を知った上で選んでみるといいでしょう。

★1920年代
ブリティッシュスタイルが確立

1930年代

1940年代

※ ブリティッシュスタイル

肩…かっちり
ウエスト…絞りがある
ボタン…3つボタンが主流
その他…チェンジポケット
に特徴が見られる

※チェンジポケット
……右側のポケットの上に付いた小さなポケット

★1950年代
アメリカンスタイルが注目される

1960年代

1970年代

※ アメリカンスタイル

肩…ナチュラル
ウエスト…ボックス
ボタン…段返りボタンに
特徴が見られる

※段返りボタン
……第1ボタンがラペルの裏側に隠れるように作られたもの

★1980年代
イタリアンスタイルがブームに

1990年代

2000年代

2010年代

※ イタリアンスタイル

シルエット…細身でやわらかい
ウエスト…適度な絞りがある
ボタン…袖口の
キッシングボタン
に特徴が見られる

※キッシングボタン
……重なるようにつけられたボタン

スーツのオーダーシステムの種類を知る

高

価格

低

マシンメードとハンドメードでは、技術的にも料金的にも大きな差がある

主にハンドメード（手縫い）

※ フルオーダー

体型に最も適したスーツを仕立てるために、オリジナルの型紙を作るところからスーツ製作の全ての工程を職人（ビスポークテーラー）が手作業で行うオーダーシステム。着る人の体型やゆがみに合わせてミリ単位で採寸し、**細かいオプションやデザインなども特注することができる。**細部の仕上がりは、テーラーの感性と実力次第になる。

発注から納品まで約 2〜3 か月。

マシンメード（ミシン縫い）

※ イージーオーダー

できるだけ着る人の体型に近いスーツを手軽に仕立てるために、既存の型紙を活用して作り上げるシステム。

イージオーダーの中でも、型紙起こしや裁断、縫製を手作業で行うのか機械で行うのかで、ランクが分かれるため、**依頼する側にもある程度詳しい知識が必要になる。**

発注から納品まで約 1 か月。

※ パターンオーダー

型紙は、既製品と共通のものを使用するので、**標準的な体型の人にはおすすめのシステム。**

パターンオーダーの魅力は、それなりのフィット感を保証しつつも、他のオーダーシステムよりも安い価格で購入できること。

発注から納品まで約1か月。条件によってはイージーオーダーよりも早く納品されることもある。

Vゾーンでバランス感覚を鍛える

Vゾーンをきれいに見せるためには、ジャケットのカラー（上襟）とラペル（下襟）の間の縫い目（ゴージライン）がシャツの襟の中間にくるようにするとバランスが整います。また、「ジャケットのラペルの幅」と「シャツの襟の幅」、「ネクタイの大剣の幅」の3つの幅を合わせると安定して見えます。

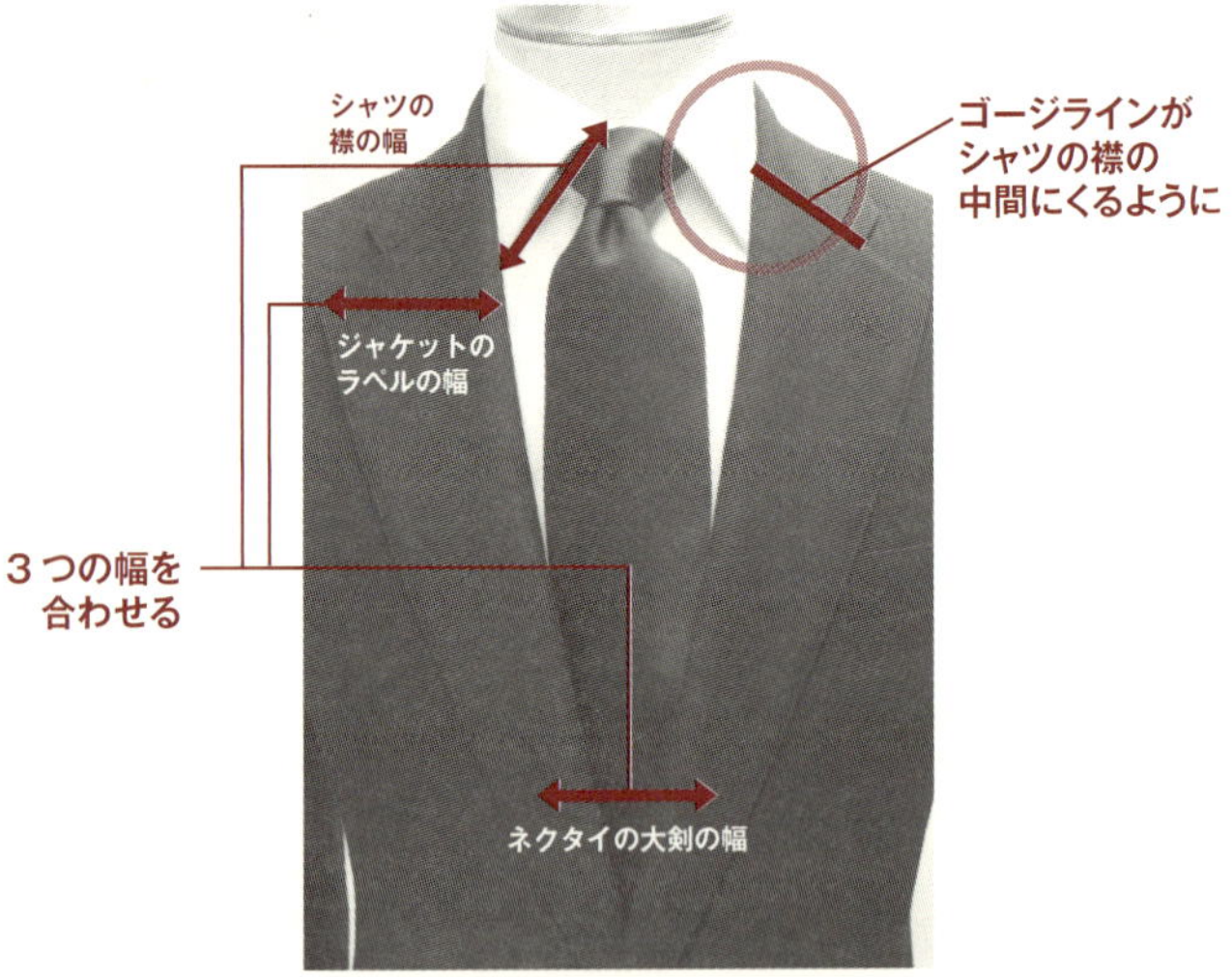

作り方のポイント！

シャツの第一ボタンをきっちり留めることが基本

第一ボタンを留めてネック周りに指が3本以上入るシャツはサイズが大きいと判断してください。首元がしまらないと、Vゾーンのバランスにも影響が出ます。シャツを選ぶときは、首周り実寸+2センチを目安にしてください。また、右写真のようにネクタイの結び目がゆるいと、だらしなく見えます。

Vゾーンで体の特徴を生かす

顔の大きさ（面積）を参考にしてVゾーンの広さを調整し、全身のバランスを整える方法です。顔が小さめの人はVゾーンの構成要素をコンパクトに、顔が大きめの人はVゾーンを広めにすると、より存在感が際立つでしょう。

※ 顔が小さめの人

Vゾーン…狭くする
スーツ…ラペルが小さめのものを選ぶ
シャツ…襟が小さめのものを選ぶ
ネクタイ…太いものは避ける

※顔が小さめの人や体の細い人は、
顔の面積に合わせて
V ゾーンの面積も狭くするといいでしょう。

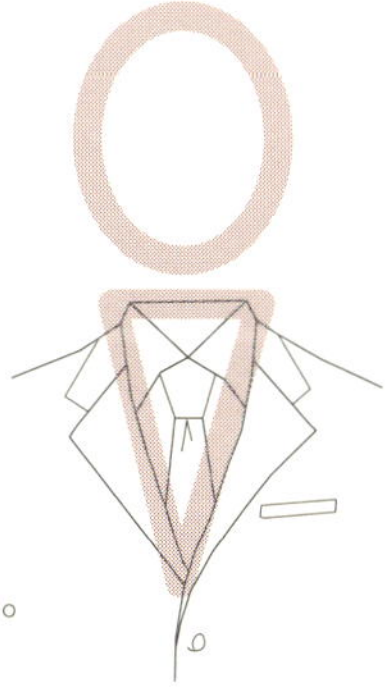

作り方のポイント！
V ゾーンをコンパクトにすると、引き締まった印象に

※ 顔が大きめの人

Vゾーン…広くする
スーツ…2ボタンのジャケット
シャツ…襟が大きめのものを選ぶ
ネクタイ…ラペルに合わせて
太めのものを選ぶ

※顔が大きめの人や体が大きい人は、
顔の面積に合わせて
V ゾーンの面積も大きめに。

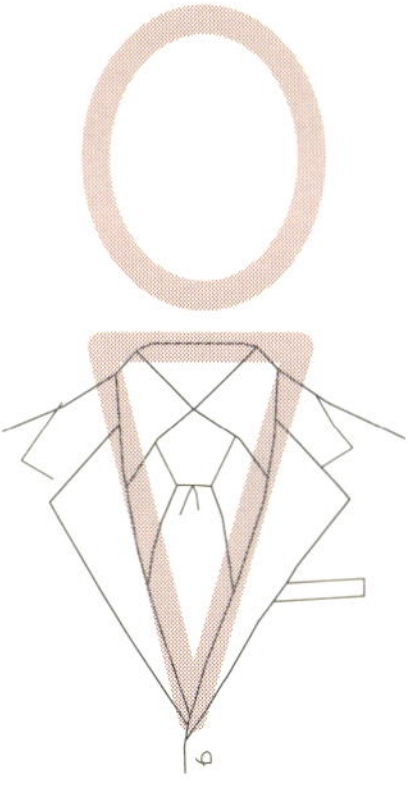

作り方のポイント！
襟のとがったシャツを選んで、シャープな印象に

【武器としてのスーツ編】

Checklist チェックリスト

□二流の男は、スーツのポケットにパンパンにモノを入れている。
□二流の男は、スーツの選び方がよくわかっていない。
□二流の男は、サイズの合っていないスーツを着ている。
□二流の男は、スーツにお金をかけたことがない。
□二流の男は、女性から贈られたネクタイをしている。
□二流の男は、Vゾーンのバランスを意識していない。
□二流の男は、スーツを休ませない。
□二流の男は、スーツのシワを気にしていない。
□二流の男は、役割に合わないスーツを着ている。

Chapter 3

スーツ以外でも発揮される「服の力」

Message 17

そもそも
あなたの会社のドレスコードを
知っていますか？

Chapter 3
スーツ以外でも発揮される「服の力」

ビジネスシーンにも、ドレスコード（服装規定）は存在します。

一年を通じてノーネクタイ率やジャケパン（ジャケットとパンツを別々の単品のもので組み合わせることで、セットアップスタイルともいう）着用率が高くなりつつある一方、各企業でのドレスコードへの関心も高まってきています。

決められたドレスコードには、会社の理念に通じるものがあるので、関心を持って調べてみると、興味深い発見があるでしょう。

ドレスコードとは本来、「場面や場所でしかるべきとされる服装基準のことであり、周囲への配慮からはじまったエチケット」を意味します。

そして、自分の会社のドレスコードを把握しておくことも大切ですが、職種によっては訪問先のドレスコードも知っておくとよいでしょう。訪問した際に、目上の人に失礼にあたらないといった配慮ができますし、場に馴染むという意味からも、相手に安心感を与えることができます。

また、「社訓」や「ミッション」があれば、時に思い返して確かめておくことも大切です。社訓などの文章の中に、服装を考えるヒントになる言葉が含まれていることがあるからです。

たとえば、

「周囲を引き摺り廻せ、引き摺るのと引き摺られるのでは、永い間に天地のひらきが出来る」

は、電通の有名な社訓ともいえる鬼十則のひとつです。

この言葉から想像できる電通のドレスコードは、ありきたりな無難なスーツではない感じがしますね。

最近、佐川急便で汗を流して働くドライバーたちの写真集が発売されましたが、荷物を運ぶ彼らのさわやかで男らしい姿は、制服姿であっても自己表現となっていて、人気が出る理由も、その風貌から伝わってきます。

明確なドレスコードがない場合は、会社のトップや上司の服装を参考にして判断します。

また、職場の規則が厳しすぎておしゃれができない、などと言い訳をす

る人に限って、基本がおろそかになっている傾向があります。白シャツ以外はNGという場合でも、クリーニング店への依頼の仕方で差をつけることができます。シャツはノリが効きすぎて不自然な方も多く見られますが、「ノリなし」「薄ノリ」「標準」など、ノリの効かせ具合も指定することができますので、利用してみてください。

どんなに規則が厳しくとも、身だしなみの基本はレベルアップできるはず。やれない理由を探すのは簡単です。

現実のビジネスシーンで、しかるべき服装を判断・選択することはなかなか難しいかもしれませんが、会社の規則や理念をふまえた上で自分なりのドレスコードなるものを作ってみると、それがあなたのスタイルにもなり、存在感を示すことができるでしょう。

一流の男は、
会社のドレスコードを知った上で
自分なりの着こなしができる。

First-class man

ジャケパンの基本は、ネイビーのジャケットとダークグレイのパンツ。

スーツ以外でも、ビジネスで通用するスマートな着こなしが可能です（108・109ページ参照）。

最初に揃えてほしいのは、ネイビーのジャケットとダークグレイのウールパンツ。清潔感と好印象を与える定番のスタイルです。幅広いシーンへの対応が可能な上に、目上の方へのきちんとした訪問にも、若者だけでの集まりにもOKな万能アイテム。

また、欧米のビジネスマンは「置きジャケット」を職場に用意しておくのが普通ですが、日本での普及率はまだまだです。シーンに合わせてジャケットを替えるのも高ポイント。ロッカーに「置きジャケット」をしのばせておくと、余裕が感じられます。

一流の男は、会社に「置きジャケット」を用意する。

First-class man

Message 19

カジュアル仕立てのパンツで
出社していませんか？
はくならきちんとビジネス用を。

パンツの名称について、質問をされることが多くなりました。代表的なのは、「チノパンって何？」「パンツとトラウザーズの違いは？」など。「パンツ」はアメリカ英語。イギリスでは中から上クラスの人が「トラウザーズ」、それ以下の人たちは「スラックス」という呼称を使用します。

「パンツ」も大きく分けてドレスアップ用（男性の場合、ネクタイやジャケットを着用し、人前できちんと装うという意味）とカジュアル用の2種類があります。

選んだパンツの種類によって、相手に与える印象も変わってきます。ビジネス仕立てか、カジュアル仕立てか、またフォーマル度はどのくらいなのかを把握しておきましょう（110・111ページ参照）。

一流の男は、ビジネスとカジュアルの使い分けができる。

First-class man

シャツの襟の型が
ノータイの仕上がりを決める。

一流の男は、シャツの基本的な美しさを知っている。

First-class man

ノータイだからこそ一番気になるのはシャツの襟の型。上着を脱いでネクタイを外しただけというスタイルは、だらしがないという印象を与えます。

派手なボタンやカラフルなステッチ（縫い目）、重ね襟や高すぎる襟腰にボタンの行列など、奇抜なデザインシャツが出回る時代になりました。その手のシャツは女性受けはいいようで、奥様が選ぶケースが圧倒的ですが、一流の男から見れば、あまり格好いいチョイスとはいえないでしょう。

ノータイでのシャツ選びは、第一ボタンを外しても襟元が広がりすぎないことがポイント。具体的には、襟が通常より若干大きいもので、ボタンダウン、スナップダウンなどのように襟先を固定できるものがおすすめです。

デザイン的な要素が欲しいのであれば、襟部分だけが白いクレリックカラーのシャツは清潔感もあり、「きちんと感」も表現できます（112～113ページ参照）。

Message 21

クールビズでの半袖シャツ。
ほとんどの人が似合ってない！

一流の男は、クールビズさえ味方にする。

First-class man

クールビズの浸透で、半袖シャツ姿のビジネスマンが急増していますが、半袖シャツを選ぶときは、特に慎重になってほしいと思います。シャツの袖口サイズが腕回りより大きすぎる場合は「パジャマ」のように見えますし、サイズがパツパツだと、昔の小学生の「体操服」のようになるのでご注意を。汗染みが目立たない薄い色のシャツはＯＫですが、特におすすめなのは、ホワイトとブルー系。シンプルなストライプなどもいいでしょう。そして、カジュアル色が強くなる半袖こそプレスを念入りに！

また、半袖にネクタイはおすすめできません。ノータイが許されている場合のみ半袖シャツを着用しましょう。特に上層部との打ち合わせやクライアントとの商談などの場合は、長袖シャツ＆タイが必須です。

汗をかきすぎたときのための替えのシャツは常備しておきましょう。

Message 22

クールビズの時期、肌着への気配りはとても重要。

一流の男は、夏は、肌着にも気を配る。

First-class man

夏はクールビズ（116ページ参照）、冬はウォームビズ（117ページ参照）というけれど、実はコレが多くのビジネスマンの悩みの種となっていることも確かなこと。自由度が増す分、その人のセンスやマナーが露骨に現れてしまいます。

特に注意したいのが、ノーネクタイのときの襟元です。ネクタイが外れた解放感で肌着が見えたり、肌着がシャツの上からスケスケという方も多くいます。では、クールビズの時期、どんな肌着を着たらいいのでしょう？

厳密なドレスコードでいうと、シャツはもともと肌着であるという説が濃厚であり、シャツの下には何も着ないのがルールとされていますが、高温多湿の日本の夏では、それも厳しいでしょう。着ていることが目立ちにくいベージュ色や肌色、深いVネック・Uネック、吸汗速乾性の高い肌着などが開発されていますので、ぜひ試してみてください。

Message 23

休みの日に何を着ているかが、「あなたの本性」を表す。

Chapter 3
スーツ以外でも発揮される「服の力」

今の時代、スーツ以外のワードローブが全部ファストファッションという男性もけっこう存在します。

母親が選んで買ったものを高校生になるまで着て、ごまかしつつ過ごしたあとは、妻が買ったものを着る。自分で買ってみるとゴルフウェアになる。そんなリアルが見る人に伝わってしまうのも休みの日の装い。

日本という国は、たとえ買えなくても良いものに袖を通してみることのできる環境が整っています。休日に百貨店の紳士服売り場や名門紳士服店を訪ね、雰囲気だけでも感じてみると、自分が何を求めているかを知る良いきっかけになると思うのです。

一生ファストファッションで過ごすのもひとつの選択かもしれないけれど、それでは現状維持どころか、退歩かもしれません。

一流の男は、休日の服装にも気遣いが表れる。

First-class man

Message 24

色は戦略のひとつ！

かつて小泉純一郎元首相が、日米首脳会談の際に青いボタンダウンシャツを着てブッシュ元大統領と会談し、その青があまりに鮮やかだったため、「小泉ブルー」と話題になったことがありました。

そのとき「このシャツはラルフローレン、アメリカ製だよ」と発言したことから、「あの青いシャツが欲しい！」とメーカーに問い合わせが殺到したそうです。

小泉さんが色彩効果を利用していたことはあまり知られていませんが、当時の人気の背景に、密かなイメージ戦略があったことを裏付けるエピソードです。

「ブルー」は、色彩心理学（色が人間の心身にどういう影響を与えるかを心理学的に解明したもの）でいうと「誠実さ」や「清潔感」を印象づけるカラーで、統計的に日本人が最も好む色とされています。見る人をクールダウンさせるリラックスカラーで、冷静さをもたらすブルーは「馴染む」戦略のときに有効です。商談や接待の席で相手の懐に入り気持ちをほぐしたいときなどは、ダークブルーのスーツと薄いブルーのシャツの組み合わせで対応してみるといいでしょう。

もうひとつのスーツの基本色「グレイ」は、「お願いをする」「謝罪をする」など「引く」戦略のときに効果をもたらす色です。本質的に他の色を目立たせる効果があるので、相手を立てたいときに活用することができます。商談で話をまとめたいときなどは、ダークグレイのスーツで臨むといいでしょう。

ビジネススタイルの基本の「白」いシャツも、会社や組織に対する忠誠心を表す効果がある色です。グレイと同様「引く」戦略で有効活用できるでしょう。

「攻め」の色として有名なのは、「赤」のネクタイ。相手も自分も同時にモチベーションを上げる効果があり、アメリカの大統領候補の多くが戦略的に用いたことは、広く知られています。

一流の男は、戦略的に色を使う。

なかには効果的なカラーを取り入れすぎて、スーツの基本的な着こなしを間違ってしまう人もいます。サックスブルーのシャツにピンクのネクタイ、ライトグレイのスーツの組み合わせなどは、ビジネスというより、明るい色合わせを好む女性が相手のデートには効果的かもしれません。

また、イメージコンサルティング的な理論だけでコーディネートすると、薄っぺらく見えることもあります。

色を活用する際に一番重要なことは、「色柄、素材、デザイン、テイスト（風合い）」のバランスを整えること。この４つの調和が整うと、さらにセンス良く上級に見せることができます。

Message 25

略礼服の黒スーツに白ネクタイは日本独特。

Chapter 3

スーツ以外でも発揮される「服の力」

一流の男は、国内外のフォーマルの常識を知っている。

First-class man

50代以上の方に多く見受けられる略礼服での白ネクタイ。実は本来、フォーマルな場ではシルバーグレイのネクタイが基本です。

結婚式でもお葬式でも、同じ略礼服で、ネクタイの色を白（慶事）か黒（弔事）に替えるのみなのは日本だけ。当然ですが、海外ではありえません。

これは、敗戦後の日本が困窮していた時代、国内の衣服メーカーがネクタイを替えれば慶弔両方に使える黒い「略礼服」というものを販売し、定着したことからはじまっています。ちなみに、シングルよりダブルのほうがフォーマルというのも、誤った認識です。

フォーマルウェアの世界基準というものを理解した上で、状況に合わせたマナーを配慮することが望ましいでしょう。

礼服には昼用と夜用の区別があることも、覚えておきましょう。

※ ビジネスで活用できるジャケットスタイル

シャツは、白が基本だが
薄いグレイ、サックスブルー、
ストライプなどでも
上品に見える
ネイビーのジャケット
胸ポケットに
チーフを入れると
よりエレガントに
ネクタイは、無地でも
ストライプでもOK
ネイビーのジャケットと
グレイのパンツの
組み合わせは、
ほとんどの色や柄の
シャツやネクタイと
コーディネートが可能
グレイのウールパンツ
グレイの色が濃いほど
フォーマル度が高く、
薄くなるほどカジュアルに。
靴は、
ドレスシューズ以外でも
ローファーなどにも合う

チョイスのポイント！ **学生服に見えないように、素材選びには注意が必要**

JKスタイルにもしかるべき基本がある

※ まずはネイビーのジャケットを

品質のよいネイビーのジャケットは、優秀な万能アイテムです。

エグゼクティブクラスからも、学生のような若い人からも好まれるので、業種に関係なく、幅広いビジネスシーンで活用できます。

購入を考えたら、どこで買うのかも検討しましょう。1着あれば重宝しますので、品質にこだわり、妥協のない選択をすることが大切です。

量販店やセレクトショップのジャケットは、若い人に似合うように細身にできていますので、ビジネスで使用するなら百貨店などで取り扱っているブランドの既製品をいくつか試してみるといいでしょう。

3万円くらいからオーダーで作ることもできますが、かっちりしすぎて多少古臭く見えることもありますので、自分自身の美しいバランスがわかっている人でなければ、既製品の中から自分にしっくりくるものを選んだほうがいいかもしれません。


チョイスのポイント！

数は必要なし。妥協せずに品質のよいものを選ぶ

※ グレイのウールパンツ

ライトグレイ、ミディアムグレイ、チャコールグレイの中から自分のビジネスシーンにぴったりくるものをまずは1本揃えましょう。ジャケットよりもパンツのほうが消耗が早いので、グレイパンツのバリエーションはいくつかあったほうがいいでしょう。

ネイビーのジャケットと素材やデザインの相性がよければ、スーツのパンツを合わせてもかまいません。

素材はウールが基本です。季節によっては冬はフランネル、夏はトロピカルなどもおすすめです。

チョイスのポイント！
ネイビーの JK に白のパンツは、ビジネスではNG

※ 極端なスリムのパンツ

極端にスリムなシルエットのパンツは、ファッションとして個性を出すのであればOKですが、ビジネスのドレスコードでいうとNGです。
ショップで「トレンドです」とすすめられても、あくまでも自分の職業・職種に見合ったビジネス用のパンツを選ぶことが大切です。

チョイスのポイント！ **細身のパンツをすすめられても、トレンドは無視**

※ タックの種類

現在の主流は、ノータックのパンツです。ノータックのパンツは、年齢が若く細身の人には合いますが、体型にふくよかさが増す40代くらいからは、ワンタックのパンツをはいたほうが存在感が出せるでしょう。
ノータック…左右の腰回りにヒダのないもの。
ワンタック…左右の腰回りにタックが1本ずつ入ったもの。

チョイスのポイント！ **体型に合わせて、タックの種類を選ぶ**

※ クリースラインについて

パンツの中央に入る縦の折り目のことを「クリースライン」といいます。
このクリースラインがあるかないかで、ビジネス向きか不向きかが判断できます。クリースラインのないものはカジュアル仕立てなので、ビジネスには向きません。
また、素材は、ウールのほうがコットンよりフォーマル度が高いです。

チョイスのポイント！ **クリースラインのないパンツはビジネスではNG**

カジュアル色が強くなりがちなパンツ。どう選ぶ？

※ パンツの裾は、シングルかダブルか？

パンツ裾の折り返しには、シングルとダブルの2種類がありますが、「どちらを選んだらいいですか？」とよく聞かれます。
裾幅が広いパンツであれば、ダブルのほうが重みが出るのでパンツのラインがきれいに出せる効果がありますが、シングルのほうがフォーマル度が高く、正装の場合であれば、必ずシングルを選びます。ダブルはどちらかというとカジュアルです。

チョイスのポイント！ **ダブルよりシングルのほうがフォーマル度が高い**

※ パンツ丈の目安は？

パンツ丈は、靴の甲に裾がかかったときに、軽くワンクッション入るくらい（ハーフクッション）が理想です。短すぎて、**靴下が見えてしまうのはNG。**長過ぎるのも、だらしない印象を与えてしまいます。

ノークッション…パンツの裾が靴の甲に当たらない長さ。立っているときは靴下は見えないが、座ったときに見えるおそれがある。
ハーフクッション…パンツの裾が靴の甲にわずかに当たる長さ。
ワンクッション…パンツの裾が靴の甲にしっかりと当たる長さ。

チョイスのポイント！ **パンツ丈は、裾が靴の甲にわずかに当たる長さが理想**

※時代の主流や年代によって多少の調整は必要です。

※ 変化のある襟の型

ノーネクタイでも対応できるシャツとしておすすめなのは、ボタンダウンカラー、スナップダウンカラー、クレリックカラーです。
シャツは、襟の型や開き角度によって表情が変わりますので、いろいろな襟のタイプのシャツに挑戦してみるといいでしょう。ただし、ビジネス用かカジュアル用かの見極めも必要です。

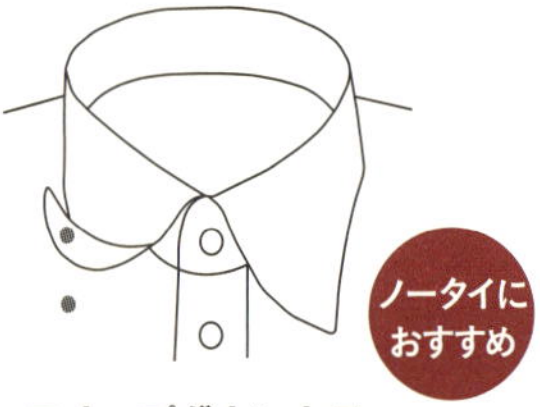

スナップダウンカラー

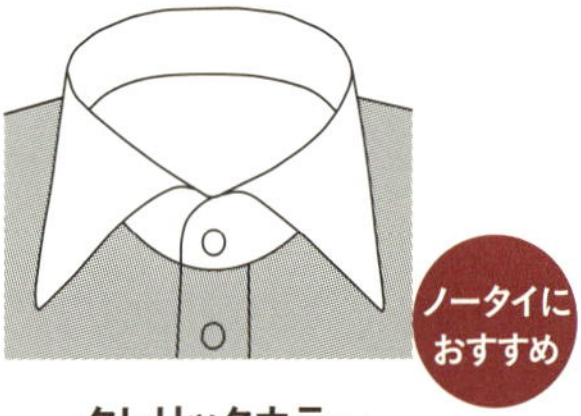

クレリックカラー

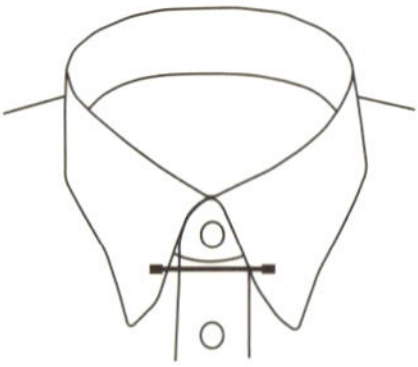

ピンホールカラー

スナップダウンカラー…襟先をスナップで留めたもの。
クレリックカラー…襟とカフスの部分を白無地に切り替えたもの。
ピンホールカラー…襟の中程に穴を開けてピンを通したもの。ピンの上にネクタイを通すと、立体的に見せることができる。

チョイスのポイント!
定番シャツ以外の襟の型に挑戦してみる

シャツの襟にも表情があることを知る

※ 一般的なシャツの襟の型

レギュラーカラーが最も一般的ですが、最近ではだいぶ少なくなってきています。現在の主流で合わせやすいのは、セミワイドカラーです。
携帯電話など四角い（角度が 90 度の）ものを襟に当てて、開き角度を確認してみましょう。

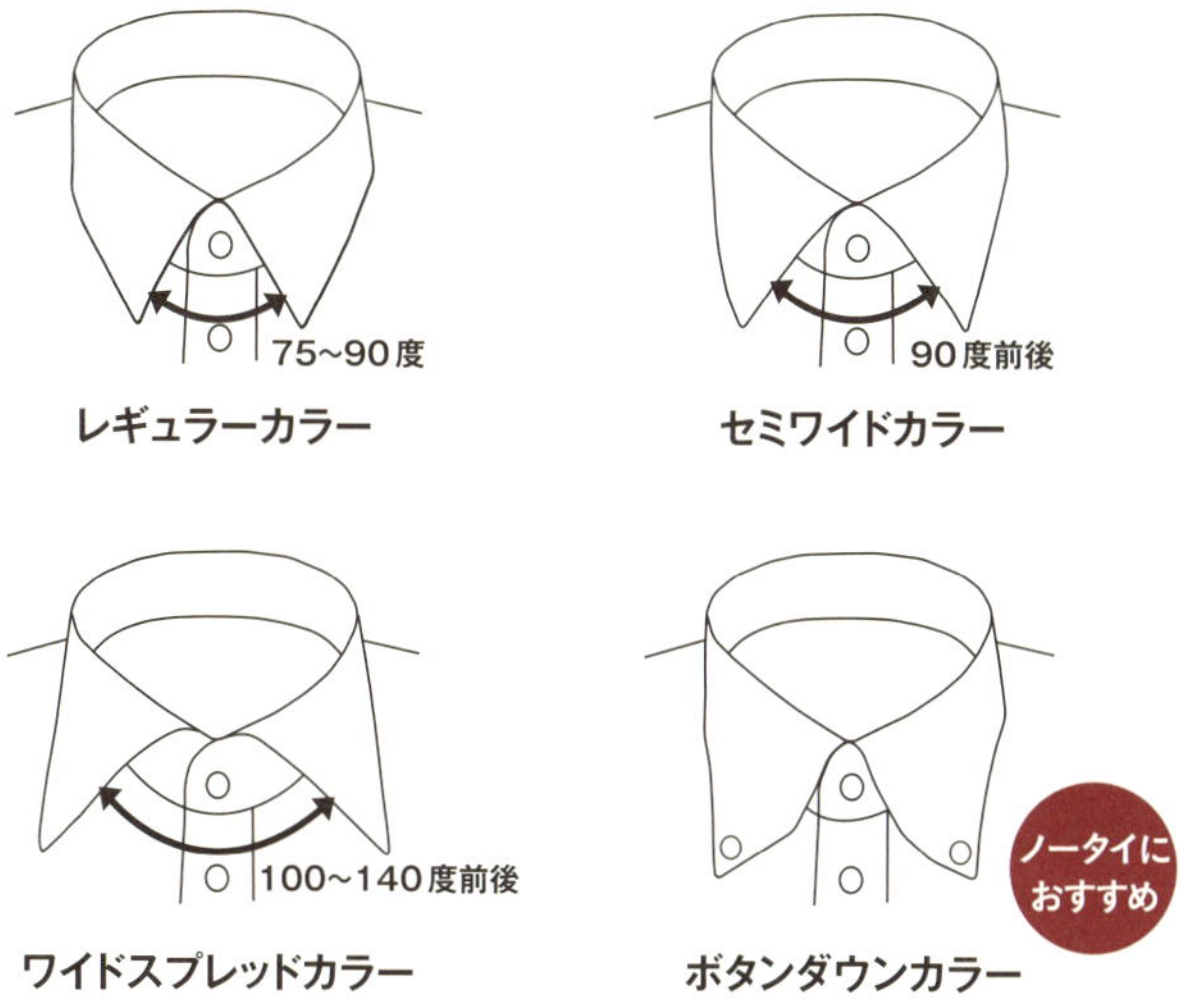

レギュラーカラー…標準的な襟の型。開き角度は 75～90 度。
セミワイドカラー…襟の開き角度が 90 度前後。
ワイドスプレッドカラー…襟の開き角度が 100～140 度。
ボタンダウンカラー…襟先をボタンで留めたもの。

チョイスのポイント！
シャツは、襟の開き角度によって表情が変わる

シャツも必ず試着してから買う

※ ジャストフィットしたシャツを探す

ノージャケット、ノーネクタイの機会が多くなるのがクールビズの時期。

シャツ1枚で着てもサマになるには、そのシャツが体にジャストフィットしていなければ格好悪いもの。

サイズの合ったシャツを買い求めるのであれば、試着させてもらうことが絶対条件になります。

シャツを試着しないで買う人が多いのは、販売員さんに遠慮しているからかもしれません。

自信のない方は、以下のように依頼してみてください。販売員さんも、ていねいに対応してくれるはずです。

※「何をお探しですか？」と聞かれる前に…
自分から販売員さんに話しかけてみる（例）

1「ノータイ用のシャツを探しています。
シャツに詳しい方は、いらっしゃいますか？」

2「1 万円程度の予算で考えています。
タイプの違うシャツを 3 枚試着してみたいのですが」

3「3万円くらいのシャツはありますか？
一度手を通してみたいのですが」

※試着は面倒と思わずに、必ずするものという意識が必要です。
最低3着（理想は 10 着）試してみましょう。

また、試着を多くするときは、土・日など混雑する日は避けましょう。


チョイスのポイント！

「試着＝買う」という思い込みは外す

ノータイ仕様のシャツをオーダーしてみる

※ ネクタイを1本買い足す分、シャツに投資してみる

スタンダードなタイプのレギュラーカラー、セミワイドカラー、ワイドスプレッドカラーのいずれかの白シャツを持っていると、どんなシーンでも対応できますが、実は現在販売されている既製品シャツのほとんどは、ノータイには向かない作りになっています。

一般的なシャツは、もともとは第一ボタンを留め、ネクタイを着用することを想定して作られているからです。ノータイのときは、第一ボタンを留めずに襟元を開けると少し窮屈な感じですし、かといって第二ボタンまで開けるとだらしなく見えてしまいます。

そこでおすすめしたいのが、ノータイ用にシャツをオーダーして作ってしまうこと。その場合は可能であれば、第一ボタンと第二ボタンの距離を長くしてもらいましょう。

ネクタイを1本買い足す分、シャツに投資してみてもいいのでは。

※ シャツをオーダーする手順

1. 店舗を選んで予約する。
2. 店舗に行って採寸してもらう。
3. 生地を選ぶ。
4. デザインを選ぶ。
5. 完成（価格は1万円前後～、納期は1ヵ月前後）。

※店舗によっては手順が変わることもあります。

チョイスのポイント！

シャツは最低5枚。1週間分のバリエーションを

クールビズは「見た目涼しく」を優先

※ 夏は、肌着も衣替えする

クールビズは、自分が涼しくなるためのものと考えてはいけません。「涼しく見せる」ことを優先させましょう。

特に注意してほしいのは、肌着が透けないようにすること。

肌着のラインが目立たないシームレスのものや、スキンベージュの切りっぱなしデザインは、中に肌着を着ていないように見えるのでおすすめです（グンゼの「SEEK」テクニカットシリーズなど）。

また、上着を着ないとパンツのポケットにモノを入れすぎてしまいがちですが、ポケットが膨らみすぎるのは不格好です。ベルトや靴などの小物にも目が行きがちですので、しっかりとケアしましょう。

ニットタイやメッシュベルトも涼しげに見えますし、第二ボタンの位置が低い（襟の開きが広くなる）シャツを選ぶとすっきり見えます。

※ 長袖シャツの腕まくりはOK？NG？

ビジネスシーンでの長袖シャツの腕まくりは、以前はNGとされていましたが、近年のオフィス事情も変わってきています。社内でスーツの上着を脱いでいるようなときは、許されるようになってきました。ただし、雑にまくり上げるのはNG。袖はカフス幅で1回折ったあと、カフス幅半分でさらに折って1～2回まくり上げると、すっきり見せることができます。

※ ビジネス仕様に作られたポロシャツ「ビズポロ」

クールビズアイテムの定番になりつつある「ビズポロ」は、「ビジネスに使えるポロシャツ」のことですが、ビジネスウェアとしての外見を保ちながら、ポロシャツと同じ鹿の子素材で作られています。着心地もよく、吸湿速乾性に優れ、手入れも手間がかからないという優れものです。


チョイスのポイント！

鹿の子素材『ビズポロ」のシャツにも注目

ウォームビズで「あたたかさ」を演出

※ ニットのベストやカーディガンをシャツの上に

ウォームビズの時期は、着膨れせずに「あたたたかく見せる」工夫が必要です。

この時期に重宝するのがニットです。Vネックニット、クルーネックニット（丸首）、ニットベスト、ニットカーディガンなどから、スーツやジャケットと合わせやすいものを選び、シャツの上に重ねるといいでしょう。

Vネックのニットを選ぶときは、シャツとネクタイがきちんと見えるようなVゾーンが深いものがおすすめです。

ビジネススーツに合わせる場合は、ネイビー、グレー、ブラックの3色の中から選ぶようにします。ジャケットとニットを同色で合わせると、ヤボったくなりますので、注意しましょう。

また、起毛したフランネル素材の3ピース（ベストつき）スーツや、ニットのウールタイを選ぶと、あたたかい印象に見えます。

※ 着膨れしないためには

ウォームビズで着用するニット類を選ぶときは、体にほどよくフィットしたサイズのものを選びましょう。ダボついた素材のものは、おじさんぽい印象になりやすいので、ハイゲージ（ニット製品の編み目の細かいもの）と呼ばれる起伏のないものがおすすめです。編み目のゆるいものはカジュアル風に見えてしまいます。

シャツの下にヒートテック、ファイバーヒートなどの保温機能のある肌着を着用するとあたたかく厚着防止にもなりますが、保温機能性のある肌着は、自分の体の熱を反射させて発熱効果を高めるものですので、デスクワーク等、動きの少ない職種の方は効果を感じにくいかもしれません。


チョイスのポイント！ **編み目の細かい薄手のニットで着膨れ防止**

【スーツ以外でも発揮される「服の力」編】

Checklist チェックリスト

- □二流の男は、会社にドレスコードがあることを知らない。
- □二流の男は、いつも同じジャケットを着ている。
- □二流の男は、クールビズにラクさを求める。
- □二流の男は、シャツの上から肌着が透けて見えている。
- □二流の男は、ノータイ用のシャツの選び方を知らない。
- □二流の男は、カジュアル用のパンツで出社する。
- □二流の男は、スーツ以外の服がオールファストファッション。
- □二流の男は、パンツの後ろポケットに財布を入れる。
- □二流の男は、略礼服というと、黒スーツに白ネクタイを想像する。
- □二流の男は、雑誌やマスコミなどの情報に振り回されている。

Chapter 4

「服」で コミュニケーション 能力を高める

日本人男性は、
他人の服装にあまりにも興味がない。

一流の男は、他人の服装を静かに観察する。

First-class man

日本の男性に、「歩いている人を観察しましょう」「他の人の服装に興味を持ちましょう」とアドバイスしても、だいたい聞き流されてしまいます。

おしゃれなイタリア人の見習うべきところは、男女にかかわらず他人の服装をとてもよく観察していて、フィードバックも自然にできるところ。「観察力」が鋭い人は真似も上手で、良いところを取り入れてセンスが光る着こなしをしています。「観察力」を高めることで美しいものを認知できるようになり、それに伴い表現する能力も自然と備わっていくのです。

何にでも興味を持てる人はコミュニケーションにも長けています。単に話し上手ということではなく、好奇心がコミュニケーション能力を引き出しているのです。特に人に興味を持つようになると、自然に服装に気を遣うようになります。

逢った瞬間
お天気の話をされるのは
あなたが魅力的じゃないから。

出逢う相手の「服装＝外見を褒める」という習慣をつけてみましょう。

最初は難しいかもしれませんが、お天気の話をするよりも、よほど会話が弾みます。「素敵なネクタイですね」「○○がおしゃれですね」などと。

そして、外見や身だしなみについては、人の意見を聞く耳を持ちましょう。人からどう見られているのかを知ることは、とても大切なことです。

かくいう私もイタリアに住んでいたときに服装についてはさんざんだめ出しをされ、鍛えられてきたから今があるのです。

イタリアの人たちは、自分が本当に良いと思って選んだものを身につけています。自分にも他人にも妥協を許しません。日本のビジネスマンたちも、お天気の話、愛想笑いの世界からは、そろそろ卒業してほしいと思います。

ただし、褒めたつもりがセクハラ発言にならないよう、ご注意ください（笑）。

一流の男は、お天気の話以外のあいさつができる。

First-class man

Message 28

恋をしている人は、
服を見ればわかる。
服を味方につけて気を遣い、
行き届いている感がある。

一流の男は、理想の女性と巡り逢える。

First-class man

「中野独人の『電車男』は、秋葉原系青年が外見の〝改修〟に目覚める瞬間を描いたドキュメントとしてもなかなか興味深い。（中略）その電車男が彼女と食事の約束をとりつけたときにまずおこなうのが、外見の一新なのである」

（『モードの方程式』エッセイスト・服飾史家／中野香織、新潮社より）

20代のフレッシュな男性のお客様がサロンに来られ、みるみる変化を遂げていきました。その成長ぶりと同時に驚かされたのが、付き合う彼女まで理想に近づいて、グレードアップしたという事実。何に対しても残念な選び方はしなくなり、好みに対しても妥協しなくなったのだとか。

本当に出逢いたいパートナーを探しているなら、服こそ妥協は禁物です。

Message 29

自分が「いけてない」と感じたら、
おしゃれな人と
行動を共にしてみるといい。

一流の男は、一流の男から学んでいる。

センスのある人は、行く場所、出逢う人、感じること、すべてがひと味違います。おしゃれな人と行動を共にしてみると、ハッとさせられることがあるのです。ハッとして焦る。そうした発見と心の揺さぶりに刺激され、行動や姿勢が変化するのです。

一流の男は、自分のスタンダード（基準）を持っています。自分にとって必要なものと必要でないものの見極めができているので、自信に満ちた行動をします。

素敵な人と行動を共にして、自分との違いを見つけてみましょう。決してあなたが内面的に劣っているわけではないということにも気付くでしょう。そして、中身がともなっているあなたこそ、自信を持って服装にも気を配ってください。

居心地のよい店舗や
販売のプロフェッショナルを探し、
味方につける。

「デザイナーの名前や値段にとらわれるのではなく、自分の気持ちに触れるものをぜひ手にとってほしい。仕立てのよさ、素材の良さも含めて、本当にいいものには人を惹きつける輝きがあります」

白井俊夫（日本で初めての洋品店「信濃屋」顧問）

居心地がよいお店には「まごころ」があります。「売ろう」という意図が感じられず、服にまつわる興味深い知識を提供してくれたり、あなた自身に心からの関心を寄せてくれることでしょう。

販売のプロフェッショナルかどうかの見極めは、あなたが「素敵」と思えるかどうかです。見た目だけでなく、会話や立ち居振る舞いも含めて。

そんな人と出逢えたら、お手本にしてみるといいでしょう。

一流の男は、良いスーツと出逢えるお店を知っている。

First-class man

Message 31

試着に遠慮は禁物です。
何着も、色違いも、試す、試す！

特に若いうちは、チャレンジ&エラーを繰り返すほど、魅力的になっていきます。仕事のスキルアップも、人生も、着こなしも同じです。

ああでもない、こうでもないと、着せ替え人形のように試してみないことには、理論だけでセンスを高めることはできません。

いくら試着してもいいのです。何着も着るのは申し訳なくて……などとためらわずに、サイズ違い、色違いを、必ず試してみましょう。

自分のサイズは46とかA6だとか決めつけないこと。特に靴は同じサイズでも、メーカーによってフィット感が違います。

たとえば靴を1足買うと決めたら、10足くらいは試してみる。最低でも3足は履いてみて、履き心地の違いを実感してみましょう。歩き回って履き比べてみなければ、本当に自分の足に合う靴は見つけられません。

一流の男は、フィッティングの時間を惜しまない。

服を替えて変化を体感できたら、
次は思い切って、
ヘアサロンを変えてみる。

一流の男は、信頼できるヘアスタイリストがいる。

服装は、変化を気軽に試せ、体感できるという利点がありますが、次のステップとしてより効果を実感したいなら、単純に髪を切ったりするだけでなく、ヘアスタイルを変えてみてはいかがでしょう。

長年通い慣れた理髪店を変えるのは面倒だ、などと言われる男性が多いのですが、思い切ってヘアサロンを変えてみると、世界が開かれることがあります。特にステップアップしたい時期には、とても有効。親しんだ技術や人間関係は捨てがたいものですが、時には他のプロフェッショナルを知ると発見があります。技術者には様々なタイプがいるので、新しい魅力を引き出してくれる可能性があるのです。

そしてまた、元のさやに戻ってもいい。新しいヘアスタイルのあなたに、馴染みの理容師さんとて、刺激があるはずです。

服装は、「こんな人だ！」と
期待してもらえる美しい嘘である。

もちろん実力はあるに越したことはないのですが、そう「魅せる」という外見のプロデュースも必要です。

私はスタイリングのオファーをいただいたとき、相手がどれほど大物であっても、安易に「お任せください」とは言いません。その方がどういう方で、どういうことを伝えたいのか、メッセージは何か、どう魅せたいのかということを理解するための質問を、必ずするように心がけています。

服は個性を表現する手助けであり、不足部分を補ってくれるもの。だからこそ、どう補うかという方向性があった上で、装いは決まるのです。

時に効果的な装いの嘘は、悪くない媚薬として活用しましょう。

一流の男は、外見のプロデュース力を持っている。

First-class man

服装は、知力、教養です。

モードに敏感なイタリアの若者たちは、若い頃から装いの基礎を身につけ、ベーシックな服装が洗練されたものであることを知っています。幼い頃から身なりが年齢や社会的ポジションを現し、他人に対する「礼節」につながるという基礎知識を、日常生活の中から自然に学んでいるのです。

そして中年以降になると、その基礎の上に自分らしさを加え、華やかに装うことを楽しんでいくのです。

子どもは純粋な目で大人を見ています。子どもも時代に憧れの存在が家庭にあること、身近にいること、身なりや身のこなしが美しい人をお手本にできることは、どれほど素晴らしいことでしょう。

服装を知力、教養として子どもたちに伝えていくことは、親の世代の責任であり、愛の証でもあるのです。

一流の男は、服装を教養として身につけている。

First-class man

Message 35

装いは、ギフトである。

一流の男は、存在自体がギフトになる。

First-class man

その人の存在自体が、ギフトになりうる装い方があります。

その人がいるだけで、ぱっと華やかになったり、重厚感が出たり、知的空間となったり。それは知らず知らずのうちに、その場の価値すらも上げているギフトです。

スーツのポケットにチーフひとつ添えて出社しただけで、それまで自分に対してスルーだった人たちの反応が一変し、注目を浴びるようになった人がいます。たったひとつの心がけで、今まで感じたことのない高揚感が感じられたそうです。自分が変化すると、まわりの人たちも変化する。そこに気付くと、「装いのしかけ」をつくることができるようになります。

誰かの笑顔のために装いがあるのだということを知っただけでも、明日からの毎日が変わるはずです。

Message 36

服によって高められるソーシャルスキルは、勝てるビジネスマンの条件。

一流の男は、「服の力」で対人関係を良好にする。

First-class man

これからのビジネスマンに必要なのは、対人関係を良好にできる柔軟な「ソーシャル（社会的）スキル」です。一緒に仕事がしたい、逢いたい、あなただからこそ頼みたい、と思ってもらえる上に、それ以上の関係性を創り出せる人は、ソーシャルな人といえるでしょう。

自己表現しながらも独りよがりにならず、その場の雰囲気や逢う人たちに配慮したコーディネートができる人はソーシャルスキルが高く、一目置かれる存在となります。

このような装いができる人は、自分自身をよく知っています。それは、単に似合うモノを知っているというだけではなく、周囲がどんな期待を自分にしているのか、どんなふうに振る舞うことが相手を喜ばせるのかを含め、客観的な自分の姿をわかっているということです。

ソーシャルスキルをより早く確立するためには、ステップ１から順を追ってステップアップしていく必要があります。自分が今どこにいるのか、どこを目指すべきなのかを確認しておきましょう。

ステップ5のチェック項目

- □ 多くの人から憧れられる存在になっているか
- □ 他人や社会に大きな影響を与えているか
- □ リーダーとして認められているか
- □ 服の知識を教養として伝えられるか

ステップ4のチェック項目

- □ ビジネスで確実な成果を上げているか
- □ 本当に出逢いたい人と出逢えているか
- □ 服のパワーを毎日実感しているか
- □ 服を戦略的に活用しているか

ステップ3のチェック項目

- □ ステップ2でわかったことを実践しているか
- □ 服を替えてみて周囲の反応が感じられたか
- □ ワードローブが整理整頓できているか
- □ ビジネスとプライベートを分けているか

ステップ2のチェック項目

- □ 家庭や会社での役割を理解しているか
- □ 他人から何を期待されているかがわかっているか
- □ 社会から何を期待されているかがわかっているか
- □ 自分に必要なものが理解できているか

ステップ1のチェック項目

- □ 他人からどう思われているかをわかっているか
- □ 自分はどういう人なのかをわかっているか
- □ 自分の好きなところをわかっているか
- □ 自分の嫌いなところをわかっているか

ステップ1・2が把握できていないとステップ3が自己中心的なものとなる

ソーシャルスキル《スタイリング》確立までの5つのステップ

ステップ5　ソーシャルスキルが確立される

完成されたトータルスタイリングができる
憧れられる存在
一流の領域

ステップ4　戦略的に「服の力」を活用できる

外見、内面を生かしたスタイルを持つ
服のパワーを活用して成功体験を重ねている
社会での影響力を持ちはじめる

ステップ3　「服」で自己表現ができる

スタイリングの楽しさを知る
服のパワーに気づきはじめる
ワードローブ構築ができるようになる

ここまでくると服に困らなくなる

ステップ2　自分の置かれている環境を知る

家族や会社との関係性を知る
コミュニティーとの関係性を知る
周囲から何を期待されているかを知る

ステップ1　自分のパーソナリティを知る

自分の体型を把握する
他人から思われている客観的な特徴を知る
趣味嗜好に至るパーソナリティを知る

ここで土台がつくられる

※ サイズ直しを検討してみる

サイズが合わなくなってしまった服をワードローブで甦らせるには、「お直し」という手段があります。特にパンツのウエストは、検討してみる必要があるでしょう。

買ったお店で直してもらうのが理想的ですが、お直し専門店を利用するのであれば、3,000円前後からウエスト調整が可能です。


チェックポイント!

定期的に「お直し」を検討する

おすすめのハンガー

中田工芸の木製ハンガー

使い捨て感覚の針金ハンガーやプラスチックハンガーよりも、木製のハンガーが見直されてきています。

私がおすすめするのは中田工芸（ナカタハンガー）の木製ハンガー。中田工芸は、60年以上木製ハンガーを作り続けている老舗メーカーです。素材の90%以上にブナ材を使用しており、品質の良さには定評があります。

ワードローブに必要なものだけを見極める

※ 自分に必要か、必要でないかを知る

自分にとって本当に必要なもの、または必要でないものを知るには、142・143ページの「ソーシャルスキル（スタイリング）の確立」の「ステップ2」の段階で、自分の置かれている立場や周囲の環境、他人や会社から何を期待されているかをきちんと理解することも必要です。

ビジネスマンに求められているのは、自分のためではなく、あくまでも他人や環境に配慮した着こなし。メンテナンスしやすいローテーションを組み、着るものに困らない環境をつくっておきましょう。

【数の目安（ビジネスマンに必要な最低数と理想数）】

・スーツ　→　最低３着　理想５着
・ネクタイ　→　最低３本　理想10本
・シャツ　→　最低５枚　理想10枚
・靴　→　最低３足　理想５足

※あくまでも目安です。職業によって変わります。

チェックポイント！
メンテナンスしやすいローテーションを組む

※ 買い替えのサインは？

買い替えや処分の目安に迷ったら、以下をチェックしてみましょう。

- □ 生地の傷みや汚れが気になる。
- □ 破けや穴あきがある。
- □ シャツの襟や袖口の汚れが洗っても落ちなくなっている。
- □ 時代、年代・世代と合わなくなり、古臭く感じられる。
- □ サイズが合っていない、または合わなくなったと感じられる。

以上の状態が見られたら、買い替えのサインです。

チェックポイント！
スーツの賞味期限は３～５年を目安にチェックを

【「服」でコミュニケーション能力を高める編】

Checklist チェックリスト

- □二流の男は、生涯、服のパワーに気付かず終わる。
- □二流の男は、日常会話が、天気の話からはじまる。
- □二流の男は、他人の服装に興味がない。
- □二流の男は、販売員さんと会話をしない。
- □二流の男は、頭だけでロジカルにファッションを考える。
- □二流の男は、クローゼットの扉を開けてやる気が失せる。
- □二流の男は、通い慣れた理髪店を変えられない。
- □二流の男は、「男は中身だ」と言い張り、古臭い考えを押し付ける。
- □二流の男は、「ソーシャル」な意識を持っていない。

Chapter 5

「服の力」は細部に宿る

Message 37

ネクタイの結び方で
仕事に対する
自信のあり、なしがわかる。

一流の男は、ネクタイの結び目でデキる男を表現する。

First-class man

スーツ、とりあえず着ていませんか？

スーツを着てさえいれば、役割を果たせている？　仕事に行ける？　そういった適当さ加減は、特に女性から見て、興ざめです。お腹が出ていてもいいのです。重要なのは、体型の問題ではなく気持ちの問題です。

ネクタイ、ちゃんと結べていますか？

結び方に自信がないのは、未熟さの表れです。大人の男のマナーとして、きちんと身につけておきましょう（194・195ページ参照）。

ネクタイの結び目は、ビジネスマンにとって重要なチェックポイント。

仕事ができるかどうかは、ネクタイで判断できるといわれているくらいです。きゅっと結び、立体感を出す。そうすることで気持ちにも一本芯が通り、気を引き締めることができます。

女性が選ぶネクタイでは、
ビジネスシーンで勝負できない。

女性からネクタイを贈られて、困ったなーと思った経験はないでしょうか？　ブランドロゴが目立つものや、意表をついたカラーやモチーフ、キャラクタープリントなど……。

女性にネクタイを選ばせると、華美になりすぎるので、ほとんどの場合は危険です。特にビジネス向きではないことが多いので要注意。女性の好みに任せたチョイスは奇をてらいがちで、ビジネスシーンにふさわしくありません。実は、ビジネススタイルの基本ルールは、女性もよく知らず、感覚だけで選んでしまうことがほとんどだからです。

ビジネスで使用できるネクタイの柄は、無地、ドット（水玉）、小紋、レジメンタル（ストライプ）などの古典柄（197ページ参照）。その他は、プライベート用としたほうが賢明でしょう。

一流の男は、女性の感性を参考にはするが、うのみにはしない。

ネクタイ選びは、ラペルと幅を合わせるのが基本。

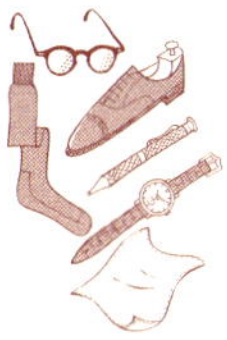

一流の男は、TPOにふさわしいネクタイの選び方を知っている。

First-class man

ネクタイ選びにおいて色や柄は大切な要素ですが、もうひとつ、ネクタイの幅をジャケットのラペル（身頃から続いている襟の部分）の幅（＋シャツの襟の幅）とそろえることを意識すると、バランスが整います。**ネクタイとラペルの幅が合っていると、胸元が引き締まり、見る人に不安感を与えません**（82ページ参照）。

ネクタイの幅は、大剣（一番幅が広い部分）が7・5〜9センチが基本サイズと覚えておきましょう。最近では5〜6センチ幅の細身のものも増えていますが、カジュアルになりがちなので、ビジネス上では注意が必要です（職種や体型によっては効果的な場合もあります）。

ラペルの幅も時代とともに変化していますが、流行に左右されずに、自分にふさわしい幅を見極めることが大切です。

Message 40

ネクタイに直接アイロンをあてるのはNG。

ネクタイは、案外デリケートに作られています。

ネクタイは締めたときに伸びるように、通常は正バイアスに裁断されています。正しいバイアスとは、生地の縦方向に対して斜め45度の角度で裁断することで、弾力性と強さがあるのが特徴です。レジメンタルストライプの縞模様の流れが、斜め45度なのはうなずける話です。

試しに正バイアスで裁断されていない鉢巻きなどの細い布でネクタイ結びをしてみると、そのほどきにくさで違いがわかるでしょう。

質の良いネクタイは、特にていねいに作られているので、吊るしたときにほとんどねじれることはありません。

購入するときには、握ってみてシワがすぐに戻らなかったり、吊るしたときに芯が曲がってねじれないかを、確認しましょう。

また、続けて同じネクタイを使用すると結びジワがつきやすくなり、傷みの原因になるので、注意しましょう。

大剣の裏側には、ネクタイのたるみを直すための糸（スリップ・ステッチ）があり、その糸を軽く引っぱりながら調整して、形を整えることができるようになっています。ネクタイにスリップ・ステッチがついているか否かは、質の良いネクタイかどうかを確認する目安にもなります。

ビジネスで使用するネクタイの素材は、シルクが基本です。

シルクは傷みやすいので、ネクタイをクリーニングに出すのは、シミ抜きの場合だけにします。家庭での手洗いは、型崩れしやすく風合いや質の変化が起きやすいので、避けたほうがいいでしょう。

また、ネクタイに直接アイロンをあてるとテカリの原因になるので、あて布の上から数センチ離してスチーム（蒸気）だけをかけるようにします。

ネクタイの収納は、普通のハンガーなどにかけておくとかけジワができやすいので、ポール（なるべく太いもの）または、市販されているネクタイ

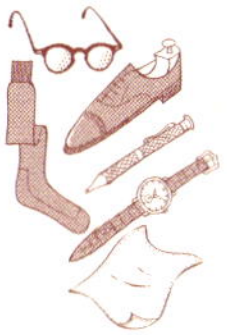

専用の吊るしハンガーにかけて保管しましょう。

または、くるくると円筒形に丸めて箱に入れておいてもいいでしょう。

数が多い場合は、収納用のネクタイ専用ケースに並べると美しく、収納が楽しめます。

出張などでネクタイを持ち歩く場合は、折るとシワがつきますので、必ず丸めて鞄や専用ケースに入れて持ち歩いてください。細い小剣のほうから大剣に向かってなるべくきつめに巻いていくといいでしょう。

持ち歩き用のネクタイ専用ケースは、ひとつ持っているとクールビズの際にも使えるので、重宝します。

一流の男は、ネクタイの扱いも、ていねい。

First-class man

Message 41

ネクタイの代わりにチーフを活用してみる。

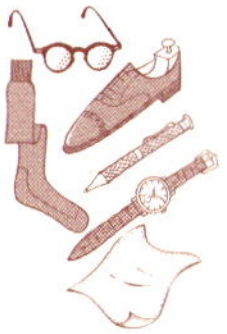

一流の男は、ポケットチーフ1枚で差をつける。

First-class man

近年、ポケットチーフが、ノーネクタイでも襟元の間の抜けた感じを補ってくれる便利なアイテムとして注目されています。値段もネクタイの半額以下とリーズナブルなので、お手頃です。

初めて購入するなら最初の1枚は白をおすすめしますが、紺のふちどりのある白は、ビジネスシーンで頻繁に活用できますし、折り方によってはホワイトのみとしても使えます。ポケットチーフの折り方で初心者にイチオシなのは、スクエア（202ページ参照）。他にもトライアングル、スリーピークス、パフドなどの基本スタイルがありますが、その中でもスリーピークスが一番フォーマルだといわれています。

また、チーフをお持ちでなかったり忘れてしまった場合は、ジャケットの胸ポケットの裏地をひょっこり表に飛び出させる裏ワザもＯＫです。

Message 42

男の足元は思っている以上に見られている。

一流の男は、足元に最大限の気を配る。

First-class man

人の弱点を見抜き、弱みにつけこむことを表す慣用句に「足元を見る」という表現があります。江戸時代に馬方が、旅人の足元から疲れ具合を見抜き、運搬料金を決めていたことに由来します。また、「足元をすくう」は、相手の隙を突いて失敗させるという意味で使われます。

昔の人の観察力には驚かされますが、現代でもやはり、男性の「靴」が気になるという女性やエグゼクティブは多いのです。

傷んだつま先、すり減った靴底や踵《かかと》は、意外と目立つもの。会議中、階段、エレベーターなどでチェックされています。実は、女性のナマ足以上に気にされている……。それほど外見において靴は重要なのです。

さらに靴を傷めつけそうな歩き方は、一瞬にして育ちの悪さを感じさせてしまうものなので、ご注意ください。

ビジネスシーンでは、ひも付きの革靴以外はタブー。

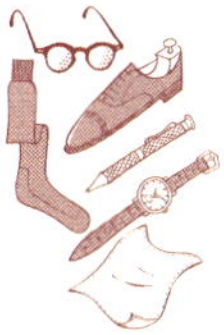

一流の男は、 靴のTPOを理解している。

First-class man

ルールからいうと、スーツにはひも付きの革靴を合わせるのが正解です。学生時代に履き慣れたローファーやスリップオンタイプはスーツには不向きです。ひも靴といっても、カジュアルシューズはもちろん常識外。電車の中などで、スニーカー履きのスーツ姿を見かけることがありますが、履きやすさを優先させては知性を疑われてしまいますのでご注意を。

スーツスタイルで履く革靴はドレスシューズやオックスフォードシューズともいいますが、つま先のデザインによってフォーマル度が変わるので、TPOに合わせた使い分けが必要になります（198・199ページ参照）。

また、靴のデザインとスーツの相性も考慮しながら合わせる必要があるでしょう。

3万円の靴は実用性に優れ、
9万円以上の靴には
作り手の感性が宿る。

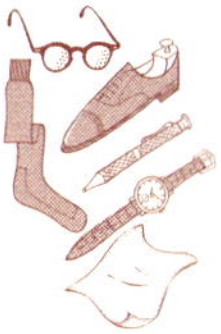

ビジネスシューズを購入する場合、スーツや合わせる服、手に持つ鞄などのクオリティーや価格帯のバランスをとることを意識しましょう。

しっかりと作られた良い紳士靴は3万円前後はします。ただし価格はあくまでも目安で、製法や作り手の技術など、価格以外の情報も参考にしながら見る目を養うと、靴に限らず良いものを安く手に入れることができるようになります。特に紳士靴は、実用性重視のものと、それ以上の価値観を追求したものとでは、価格は大きく変わってきます。靴の製法にも関心を寄せてみるといいでしょう。ビジネスシューズとしては、グッドイヤー製法の靴が実用性に優れています。革靴の中でも工程やパーツが多く、丈夫で安定感に優れています。足に馴染むまで少し時間がかかりますが、ソール交換もできるので、メンテナンスをすれば、長く履けます（200・201ページ参照）。

一流の男は、靴の製法にも関心が深い。

First-class man

Message 45

スーツ同様、
靴も手入れしながら長く履く。

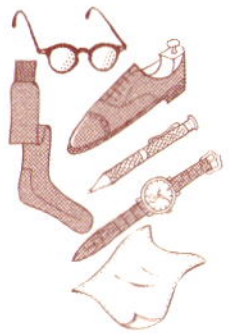

一流の男は、手入れをし続けることを前提に靴を選ぶ。

First-class man

靴も「育てる」ことができます。

良い靴は、愛情をかければかけるほど、自分の足に馴染みながら、生物と同じように育ってくれます。育っている靴を履いていると、一日中履いていても疲れず、パワーアップでき、人に与える印象も変わってきます。

そのような靴は、履き込むほどに持ち味が出て愛着がわいてきます。続けて同じ靴を履かないように3足以上でローテーションを組み、毎日の簡単な手入れに加えて週1回のペースでしっかりメンテナンスをすると10年くらいは現役で履き続けることができるでしょう。ローテーションとメンテナンスの流れをつくり、日常的な習慣にすることが大切です（74・75ページ参照）。

良くない靴は、履き込んでも足に馴染まず型崩れが起きるので、履く回数が自然と減っていきます。

Message 46

パンツとソックスの間から見える
無惨なナマ足。
完全にＮＧです。

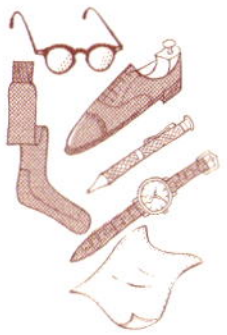

スーツスタイルでの靴下は、ネイビーホーズ（濃紺の長靴下）が基本です。スーツ姿で脚を組んだときに、肌が露出するのはマナー違反。靴下は、常にひざ丈下の長靴下をはきたいものです。基本色はネイビーですが、チャコールグレイでもシックにまとまります。

3足1000円の白ソックスや、ワンポイント付き、ナイロンのオヤジソックスも当たり前にはいている方が多いけれど、それはかなり危険……。そのソックスのせいで残念な印象になっています。ソックスにも選択肢があることを知っておきましょう。素材、柄、色も、ビジネスシーンでスマートさを感じさせるものと、NGなものがある。

そんなことも知らずに恥ずかしいと思われた男性諸君。明日からでもできること。それは、ソックスのチェンジです。

一流の男は、ナマ足を無駄に見せない。

First-class man

手を抜きがちなベルトこそ
人から見られている。

一流の男は、シンプルで洗練されたベルトを選ぶ。

First-class man

ビジネススタイルのベルトの色は、靴と合わせた黒か茶が一般的ですが、ベルトと靴の素材を合わせると、美しくまとまります。秋冬シーズンであればスウェード素材でさりげなくセンスを表すことも可能です。

通常、ベルトの穴の数は、3、5、7と奇数になっています。これは、真ん中の穴で留めるという基本ルールがあるから。留める位置がベルトの中央の穴にぴったりくるように長さを調節します。

特に注意してほしいのは、エナメルなどの光る素材や華美なバックル。装飾要素の多いベルトは、ビジネスでは不向きです。黒い革のベルトで、バックルはどこかのブランドロゴがレリーフになっていたら、それはオヤジスタイルの代表です！

Message 48

ポケットの役割は何かを
きちんと知る。

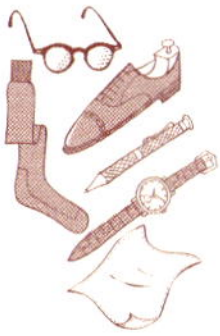

ジャケットのポケットについて、不思議に思ったことはありませんか？

スーツやジャケットの脇ポケットには、フタのようなものがついています。これは、「フラップ（雨ぶた）」といって、もともとは雨水の浸入を防ぐためにつけられたもの。ビジネスシーンではフラップは外に出しておき、フォーマルな場所では中にしまうのがルールです。

シルエット崩れを防ぐため、ジャケットの脇ポケットやパンツのポケットには、できるだけモノは入れないようにする配慮が必要ですが、**実はポケットの使い方に個性を出すと、スマートな印象を与えることもできるのです。**

知人の男性にポケットに何を入れるか、その使い方について聞いてみたところ、参考になる例を教えてもらいました。

・上着の左内側ポケット……ＵＳＢメモリ、印鑑、免許証、筆記具
・上着の右内側ポケット……お札と名刺入れ
・上着の左胸ポケット……ポケットチーフ（ハンカチ兼用）

・上着外側の腰ポケット右側……ＩＣカード
・パンツ前ポケットの右側……小銭
・パンツ前ポケットの左側……携帯電話
・パンツ後ろポケット……何も入れない

あえて鞄を持たずポケットを上手に使っている男性なので、その秘訣を聞いてみたところ、服を仕立てたり買うときにポケットに入れたいモノをすべて入れた状態で仮縫いしたり選んだりしているのだそうです。

内ポケットから優雅にモノを出し入れする男性の動作にグッとくることがあるのは、ポケットの位置が、その人の自然な動作にぴったりと合っているから。スーツやジャケットを試着する際には、内ポケットに手が入れやすいかどうかを確認するといいようです。

現在販売されている既製品の多くは細身の傾向にあるため、少しモノを入れても変に膨らんでしまうので、「ポケットにはモノは入れないでください」とレクチャーされることもあるようですが、小道具のひとつとして、

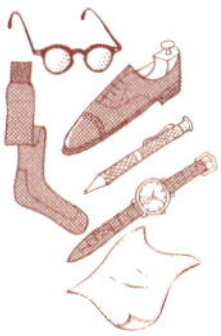

一流の男は、ポケットの使い方にも個性がある。

First-class man

ポケットの位置や使いやすさにも注目してみましょう。

ただし、パンツの後ろポケットだけは何も入れない！　これだけは、着こなしのルールとして必ず守ってください。

実際、ビジネスマンは鞄を持つ人のほうが多数派だと思います。持つモノが多くなるなら、やはり鞄を持つようにしましょう。ポケットにたくさんモノを入れると型崩れや擦り切れで寿命も短くなり、見栄えも悪くなります。着込んだときのくたびれ感とはまったく違うものです。

また、これも豆知識ですが、フラップポケットの上に小さなポケットのあるジャケットがありますが、これは「チェンジポケット」といい、小銭を入れておくものです。英国調スーツを代表するデザインで、脚を長く見せる効果もあります。

財布の扱い方でも着こなしのセンスは磨かれる。

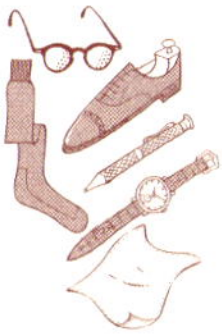

男性は、小物に無頓着な人が多いと感じます。財布をぼろぼろになっても使い続けている人、買えるはずなのに合皮やビニール製のチープな財布で満足している人……かなり残念な印象を与えてしまいます。

メンズ用の財布は、長財布と2つ折りの2種類に大きく分けられますが、併用してマネークリップや小銭入れと使い分けている人もいます。

ポイントカードやレシートのため込みすぎもよくありません。財布の状態は、その人の経済状態を反映しますので、お金に関する運気も下げてしまいます。

長財布を鞄の中かジャケットの内ポケットに入れ、小銭はコインケースに分けて使ってもいいでしょう。内ポケットに入れる場合は、財布が落ちないようにボタンホックで留めるといいでしょう。

一流の男は、支払いのとき、スマートに財布を出すしぐさが違う。

First-class man

メガネで三割増しに魅せる。

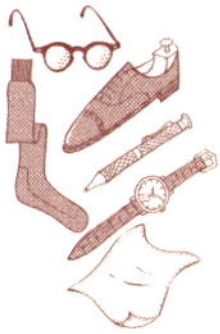

一流の男は、メガネで知的イメージを演出する。

First-class man

「メガネは男を三分《さんぶ》上げる」

このように、昔から男性がメガネをつけると三割増しで男前になるといわれてきました。伊達《だて》メガネの「伊達」の語源は「立つ」で、「男が立つ」「引き立つ」という意味で使われます。

メガネは、おしゃれアイテムとしてだけではなく、自分の足りない部分を補ってくれる優秀なアイテムです。男性の場合、ヘアスタイルやメイクアップなどで冒険できない分、メガネひとつでかなり印象が変わります。

童顔で年齢より幼く見える、説得力のある顔つきにしたい、部下に一目置かれたい、という人は、試してみることをおすすめします。

奇抜すぎるフレームやサングラスは、ビジネスではＮＧです。メガネもビジネス用とプライベート用を分けて使用することが鉄則です（203ページ参照）。

Message 51

あなたの持つ鞄の状態に生活感がにじみ出る。

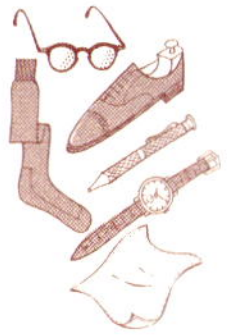

一流の男は、鞄でステイタスを感じさせる。

First-class man

ビジネスシーンで持ち歩く鞄の使い方にも、その人のセンスは現れます。

荷物が多くて鞄がパンパンに膨れているのは見苦しく、重そうに見えるのも格好が悪いものです。入れる中身の量によって鞄のサイズや形を選ぶことも大切でしょう。

荷物が多い人は、マチが広く中身が整理しやすいものを選びましょう。

逆に少ない人は、80年代頃に流行したオヤジ風セカンドバッグではなく、クラッチバッグを。A4サイズでマチが薄く、ファスナーがぐるりと三方に取り付けられたデザインのもので、素材は革が良いでしょう。また、オフィスに大小の鞄を置いておき、状況に応じて使い分けるのもおすすめです。

形が崩れたり、角がすり減った鞄を持ち歩くと、生活に疲れた感じが現れてしまいます。鞄も靴と同様、メンテナンスを定期的に行いましょう。

Message 52

帽子を特別なものと思わない。

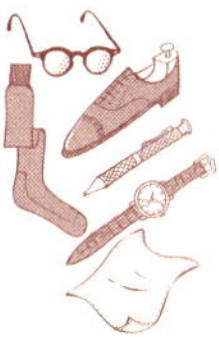

Chapter 5

「服の力」は細部に宿る

日本にも「紳士たるもの外出時には帽子を着用するものだ」という時代がありました（明治〜昭和初期）。今は、帽子は特別なものと抵抗がある人が多く、ビジネスシーンで帽子を着用している人はほとんど見かけませんが、かつては「スーツに帽子着用」が当たり前だった時代があったのです。

実は、慣れることが一番「似合う」への近道になるのが帽子です。夏のクールビズの時期に、さらりと帽子を利用するビジネスマンが出てくれると嬉しいなあと、個人的には期待をしています。

人気漫画「サザエさん」に登場する〝波平さん〟を思い出してみましょう。出勤時には「スーツに帽子姿」。そして、会った人の前ではきちんと帽子を脱いで挨拶を交わすなど、その立ち居振る舞いは、なかなか紳士的です。家に入るときは帽子を脱ぎ、家庭の中では和服に着替えるなど、オンとオフの切り替えもはっきりできています。

男性は、室内に入るときには必ず帽子を脱ぐ。こうしたマナーが身についているからこそ、帽子姿が粋《いき》に見えるのかもしれません。

国際スタンダードの「脱帽」のマナーでは、男性は、人と会話するときや女性の前では脱帽するのが礼儀とされています。

辞書で「脱帽」の意味を調べてみると、「敬意を表すために、帽子を脱ぐこと」「比喩的に（その相手には、とてもかなわないとして）敬意を表すこと」と書かれています。

帽子は脱ぐときに、その人の品格が表れるといってもいいでしょう。

神社へ参拝するときには、一の鳥居の手前で脱帽するのが作法です。マフラー、手袋も同じです（本来はコートも脱ぎます）。

初詣に行って鳥居前で一揖《いちゆう》しても、帽子、マフラー、手袋はそのままという方を多く見受けますが、脱いで服装を整えることが礼儀になります。

たいていの神社の一の鳥居近辺には「下乗《げじょう》」の文字がどこかに記されています。これは「ここからは聖域なので馬が入ってはいけません（乗り物から下りて入りなさい）」という意味ですから、参拝者に求められることも、おのずと理解できるでしょう。

ちなみに女性が室内で帽子を脱がなくても、間違いではありません。女性の場合、帽子はアクセサリーとして服の一部とみなされるので、被っていてもいいのです。ただし、映画・演劇・講演の会場や、その場の雰囲気によっては失礼にあたる場合も多くあります。周囲の様子を察して対応する心がけが必要です。

防寒、防暑の目的で作られた実用的な帽子を室内で被ると違和感を感じますし、海外と比べて天井が低い日本的空間では、鍔《つば》の広い帽子は見た目に不自然ですので、行く場所の空間を考慮して帽子を選ぶことも大切です。

そんな粋なマナーをそっと指南できる、男性でありたいものです。

一流の男は、帽子のマナーを身につけている。

First-class man

Message 53

スーツやジャケットは、
着ている時間よりも
ハンガーにかけられている
時間のほうが長い。

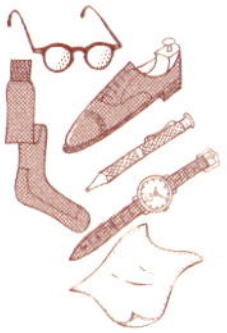

一流の男は、服に合ったハンガーを揃えている。

First-class man

ハンガーなんて、どれも一緒だと思っていませんか？

クリーニング店のプラスチックハンガー、ワイヤーハンガー、スーツ購入時などにもらえるツーリストハンガーなど、無料でもらえるハンガーにジャケットを長時間かけていると、必ず型崩れを起こします。着ている時間よりも、ハンガーにかけられている時間のほうが圧倒的に長いのです！

服のサイズに合った上質なハンガーを選ぶ際、サイズは肩幅より1センチほど小さめというのが目安です。

素材は木製が理想です。木製のハンガーの良さは、衣類の湿気を吸収してくれたりと、気候や室内の状況に合わせて働いてくれること。

また、ポケットにモノを入れたままハンガーにかけると、肩の型崩れの原因になるので、注意しましょう。

社会人なら洋服ブラシを１本は持とう。

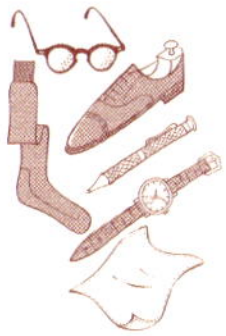

洋服ブラシは、どんなものをお使いですか？

ブラシの種類には、起毛繊維を使用したエチケットブラシ、粘着テープを利用したもの、大量生産した化学繊維のものなど、様々なものがあり、お値段もピンキリです。

もしかしたら、洋服ブラシって何？　という方もいるかもしれませんが、社会人になったら、上質な洋服ブラシを1本購入されることをおすすめします。静電気が起こりにくく、細かいホコリを払い出し、服地の目をきめ細かく整えてくれる天然獣毛（馬毛・豚毛）の高級ブラシは、1万円前後から購入することが可能です（72ページ参照）。

気に入ったお手入れグッズを手に入れると、毎日のブラッシングが楽しくなり、クリーニング代の節約にもなります。

一流の男は、一生ものの洋服ブラシを手に入れる。

First-class man

Message 55

ワードローブを整理すると、
心の整理がつく。

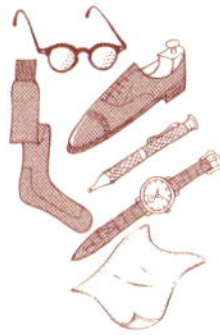

一流の男は、服の整理をしながら心をリセットする。

First-class man

ワードローブ（洋服のラインナップ）には、持ち主の人生、趣味、性格、心の状態など、たいていのことが表れます。

定期的にワードローブチェックをすると、洋服の整理がつくだけでなく、心の整理にもなります。整理しながら生き方の軸を整えることができれば、風通しがよくなるだけでなく、心のつかえの原因すらわかってくるのです。

そして、本当に必要なものが何なのかが、わかってきます。

ワードローブの状態は、その人の仕事の質や、思考の整理の仕方とも共通します。

クローゼット（押し入れや洋服の収納家具）の扉を開けた瞬間にやる気や充実感が漂わなければ、ラインナップを間違えているか、数を持ちすぎているサインです。

書斎のようなクローゼットを持つ。

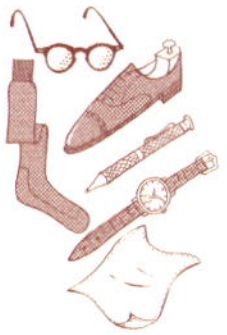

「書斎を持つと年収が上がる」といわれるほど、書斎スペースの存在は、ビジネスマンの価値を上げてくれます。

日本の多くの家庭では住宅事情で書斎よりも子ども部屋が優先され、スペースの確保が難しい状況かもしれません。そこでおすすめしたいのが、「クローゼット（衣装ダンス、衣装部屋）＝書斎」という考え方。余裕があれば、クローゼットを居心地のいい場所に改造することをおすすめします。狭くても、愛着のある空間にして、書斎の一部として捉えてみましょう。

男の服は、本来「権威」や「成功」を象徴するものであり、服装術は「教養」でもあると心得ましょう。

クローゼットの扉を開けたとき、気分が上がる、やる気になる、仕事が楽しくなるような、知的なスペースを創造していきましょう。

一流の男は、クローゼットを、知的なスペースにしている。

First-class man

■ プレーン（シングル）ノット

一番簡単でオーソドックスな結び方です。結び目が小さくなります。

【特徴】手順は簡単ですが、美しく見せるにはコツがあります。ノットが平たくなりやすいので、ディンプル（ノットの下に作る窪み）を作るときれいに表情を出すことができます。

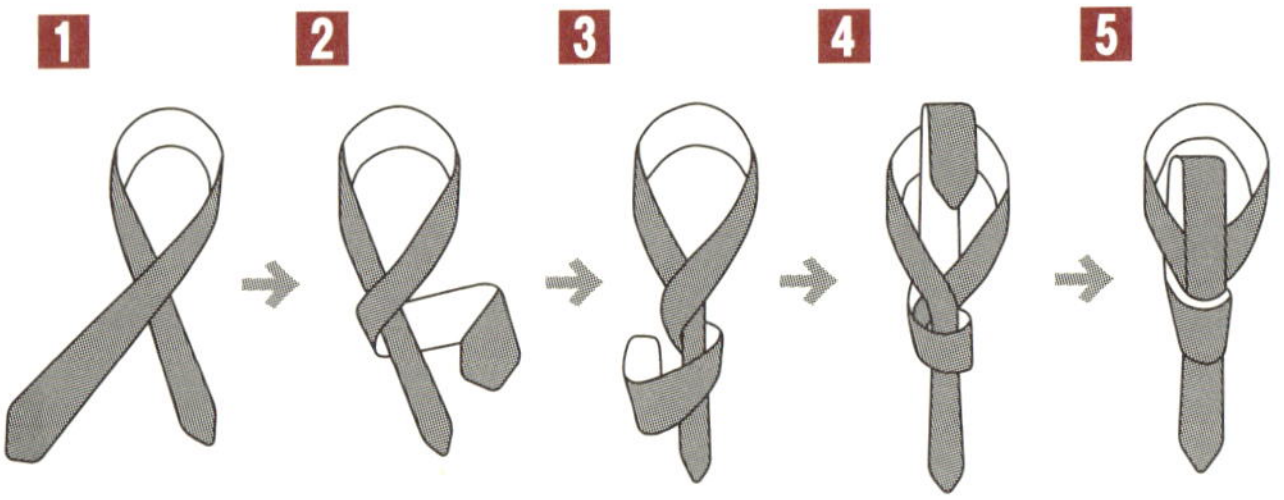

■ セミウィンザーノット

結び目がきれいな正三角形になる、ビジネス用に適した結び方です。

【特徴】細めのネクタイを用いたほうが簡単に結べます。

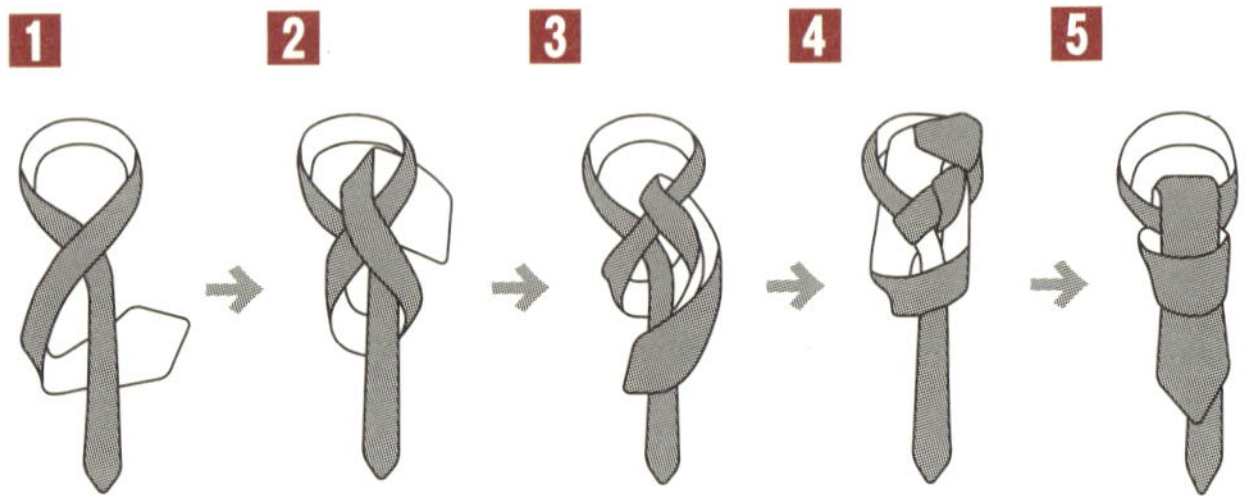

結び方のポイント！

ネクタイを結んだときの長さは
大剣の先がベルトにかかるくらいの位置に調整すること

ネクタイの結び目に「立体感」を出す

※ ノット（結び目）の種類と特徴を知る

ネクタイの結び方には、結び目（ノット）の種類によってさまざまなものがあります。基本的な2つの結び方をマスターしておきましょう。美しく見せるには、結び目に「立体感を出す」ことがポイントになります。

結び方のポイント！

ネクタイは、ディンプルの作り方で表情が変わる

※ 無地のネクタイは、必ず持っておくべき

無地のネクタイを持っていない人が多いことに驚きます。無地は、ネクタイの柄の中でも一番フォーマル度が高く、基本の柄なので、必ず持っておくべきです。

ネクタイのベースの色はダークなほうがフォーマル度が高く、柄は細かいほうがフォーマルです。

※ 大統領のネクタイを参考にする

イタリア、フランス、アメリカの大統領のネクタイの使い方は参考になることが多いので、主要国会議のニュース画像などでチェックしてみるといいでしょう。なかには参考にならないケースもありますが、見比べて良い例か悪い例かをジャッジしてみるという経験も必要かもしれません。

※ ネクタイは、品格を表すために必要なアイテム

ネクタイは、首から下げられるため、特に汚れやすいアイテムです。汚れたままのネクタイをしていたら、品格を疑われてしまいますので、食事中などは注意が必要です。

育ちの良い男性は、ネクタイの結び方はもちろん、扱い方も慣れています。ネクタイを外すときは、無理矢理結び目を引っ張ると傷みやすいので、結び目を一旦ほどいてから首からはずすようにしましょう。

チェックポイント！

ネクタイの扱い方は、その人の感性を表す

ベーシックなネクタイは古典柄

ビジネス用のネクタイは、ダークトーンの無地と小紋柄がベーシックで合わせやすいでしょう。色数は抑え、同系色のものを濃淡でまとめるのが基本です。

■ 無地

ネクタイの基本中の基本の柄。
色は、ネイビー、エンジ、ブラウンなどが合わせやすく使いやすい。

■ ドット（水玉）

主に春夏柄の定番。ドットの大きさによってピンドット（小）、ポルカドッド（中）、コインドット（大）がある。

■ 小紋

小さな紋様で、規則正しく、または不規則に散らした連続性のある柄。

■ レジメンタル（ストライプ）

若々しくすっきりとした柄で、若い人に好まれる傾向にある。白、黒、グレーのストライプは、フォーマル度が高い。

■ チェック

格子柄のことで、伝統的な基本柄の1つだが、世代によってはカジュアルな印象に感じることもある。

チェックポイント！

ネクタイの柄は、細かいほうがフォーマル

※ つま先のデザインでもフォーマル度は変わる

ひも靴は、つま先のデザインによっても履けるシーンが変わってきます。ビジネスシーンにふさわしい靴として代表的ものは「ストレートチップ」「プレーントゥ」「ウィングチップ」「Uチップ」です。
また、ローファーやカジュアル用の靴は、ビジネスには向きません。

ストレートチップ
靴の先端に切り替えデザインを施したもの。もっともフォーマルなデザイン。

プレーントゥ
つま先に飾りのないシンプルなデザイン。

ウィングチップ
つま先にW型の切り替えがあり、飾り穴がつけられたもの。

Uチップ
つま先部分にU字型の切り替えが入ったもの。

チョイスのポイント！
ストレートチップかプレーントゥのどちらかは必須

ビジネスマンにふさわしい靴とは?

※ 内羽根と外羽根の違いを知る

スーツには、ドレスシューズ（オックスフォード）といわれる、ひも付きの革靴を合わせるのが基本です。
ひも付きの靴は、「内羽根」と「外羽根」の2種類に大きく分けられます。内羽根のほうが外羽根よりもフォーマルに適した靴です。

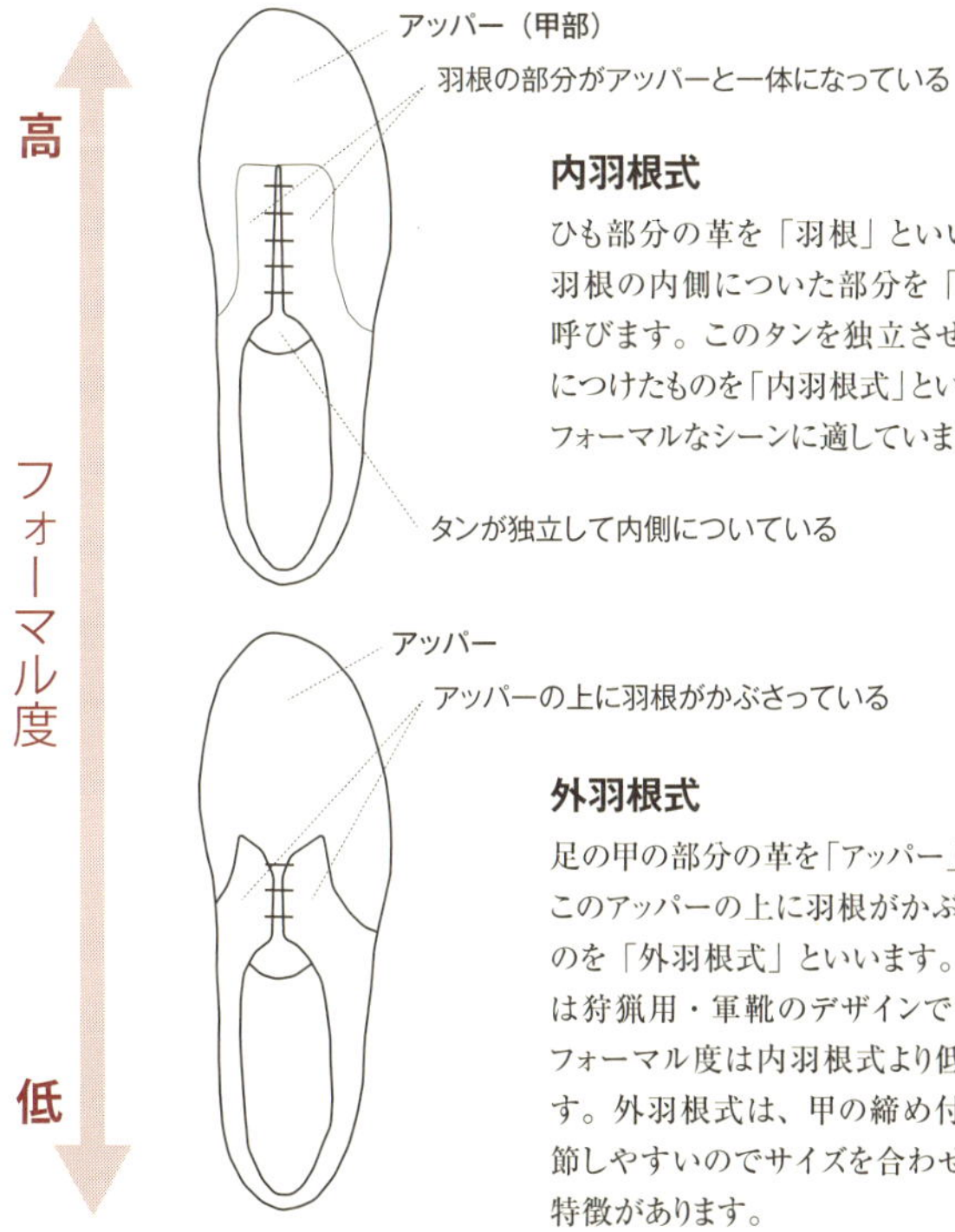

高
フォーマル度
低
アッパー（甲部）
羽根の部分がアッパーと一体になっている
タンが独立して内側についている
アッパー
アッパーの上に羽根がかぶさっている

内羽根式

ひも部分の革を「羽根」といい、この羽根の内側についた部分を「タン」と呼びます。このタンを独立させて内側につけたものを「内羽根式」といいます。フォーマルなシーンに適しています。

外羽根式

足の甲の部分の革を「アッパー」といい、このアッパーの上に羽根がかぶさったものを「外羽根式」といいます。もともとは狩猟用・軍靴のデザインですので、フォーマル度は内羽根式より低くなります。外羽根式は、甲の締め付けが調節しやすいのでサイズを合わせやすい特徴があります。

チョイスのポイント!
ひも靴でも、先の反りすぎたデザインのものはビジネスでは避けたほうがいい

※ グッドイヤー製法

グッドイヤー製法の靴は、靴底（ソール）だけを別に縫ったもので、靴底を張り替えることができ、手入れをしながら履けば10年以上長持ちさせることができます。イギリス製やアメリカ製の靴に多く見られます。

（参考：4〜9万円前後の靴に多い）

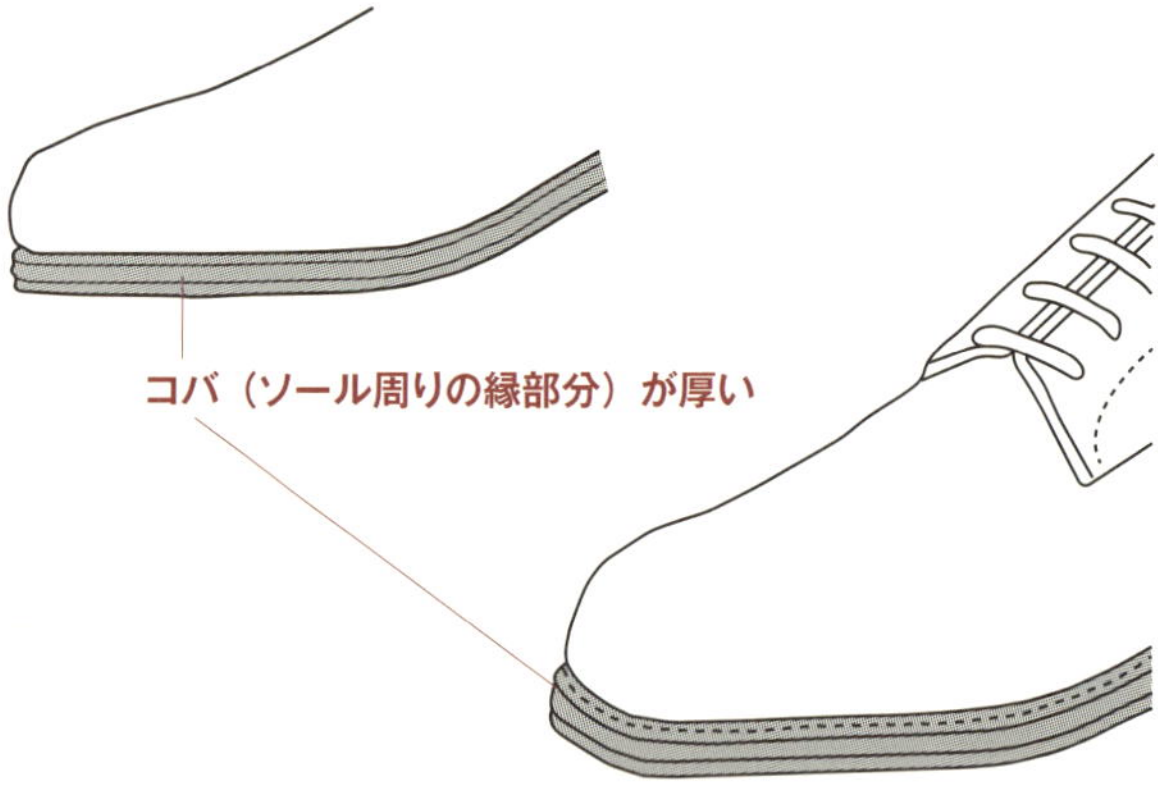

※ オーダーメード、手縫いの靴

靴職人の手によって作られる完全オーダーメードの高級靴は、主にハンドソーンウェルテッド製法によるものです。この製法は、名門靴ブランドの靴職人に伝承される手縫いの熟練技のため、靴の価格は数十万円以上する高額なものもあります。

ひとりひとりの足に合わせた木型を作り、時間をかけて履く人の足にフィットした理想の靴を提供してくれます。


チョイスのポイント！ **オーダーメードの靴には、靴職人の技が息づく**

靴は製法で品質を判断する

※ セメンテッド（ラバー）製法

セメンテッド製法の靴は、靴底を糸で縫わず、接着剤で貼り付けているので、安価な靴が多く、ほとんどが使い捨てとなります。

スーツ用の靴としては、できるだけ避けたい靴です。合わせたスーツも安っぽく見えてしまうことがあります。（参考：2万円以下の靴に多い）

※ マッケイ製法

マッケイ製法は、イタリアの伝統的な靴の製法です。

アッパー（甲部）、インソール（中底）、アウトソール（靴底）を一度にに縫い付けたもので、靴の返りがやわらかく足に馴染みやすいのが特徴です。（参考：3〜6万円前後の靴に多い）

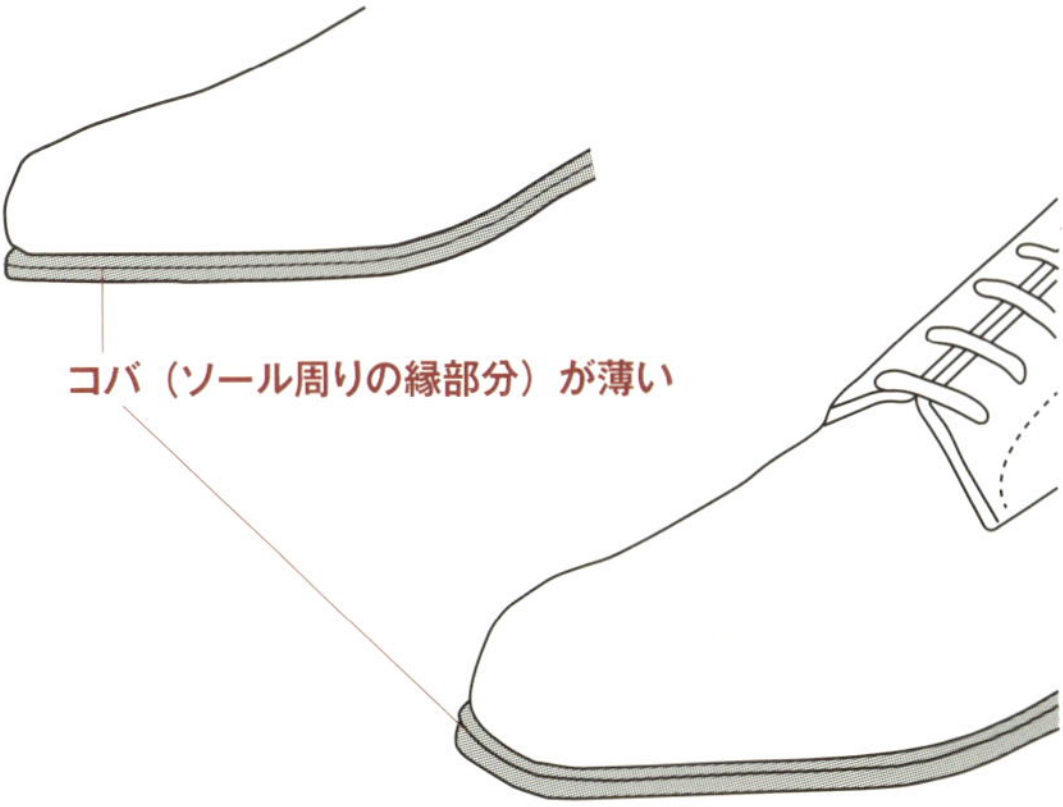

チョイスのポイント！
セメンテッド製法の靴は、使い捨てになることが多い

ポケットチーフを活用する

※ 初めて購入するなら、白のリネン（麻）

ポケットチーフのはじめの1枚は、白のリネンがおすすめです。一番合わせやすい上に、フォーマルな場で必要になるものです。また、白のシルクよりもリネンのほうがフォーマル度が高いのです。質の良いチーフは30〜40センチ四方前後の布で5,000円前後しますので、高いと感じる方はお手持ちの白いコットンのハンカチをたたんで、ジャケットの胸ポケットに入れてみてください。また、白のリネンと同じくらい活用できるのが、白シルクの端のふちどりに色を使ったもの。その他、ネイビーやブラウン、バーガンディーなどのシルク無地など、いろいろ試してみましょう。

※「スクエア」はチーフ初心者に最適

「スクエア」は、ビジネスシーンにふさわしいポケットチーフの折り方の代表格。アメリカのテレビ関係者が好んだことから「TVフォールド」とも呼ばれています。折り方も簡単なので、ポケットチーフ初心者におすすめです。

1
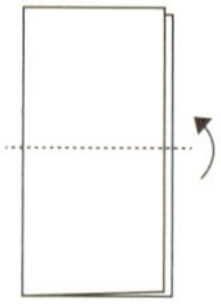
広げたチーフを半分に折り、さらに半分に折る。

2
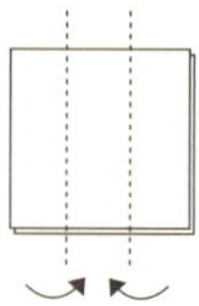
内側に3等分になるように折り返す。

3
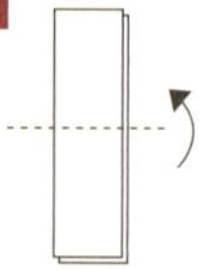
下部分を上に向かって折り返す。

4

チーフの縁が外側になるように、胸ポケットから1〜2センチのぞくように挿す。

チョイスのポイント！　チーフの最初の1枚は、麻素材の白がおすすめ

メガネで「知的」なイメージを

※ビジネスシーンにふさわしいメガネ

メガネは顔の一部として、イメージ戦略に活用することができます。

知的なイメージを演出したいなら、主張しすぎず、顔になじみやすいデザインがおすすめ。フレームの色は、黒、シルバー、ゴールド、茶など、自分のイメージカラーとして全身との統一感を出すといいでしょう。

また、ビジネスで使用するメガネの品質にも関心を持ちましょう。品質の良いメガネは、投資するだけの価値あるアイテムです。

ツーポイント

フレームのない、レンズに直接つるが取り付けられたタイプ。知的でエレガントな印象。

ナイロール

下縁がないタイプ。どんな素材のフレームでもシャープになりすぎず、顔になじむ。

セルフレーム

プラスチック素材のフレーム。黒のセルフレームも人気が高い。

カラードメタル

色付きのメタル製フレーム。プレゼンのときなど、印象を強くしたいときにおすすめ。

チョイスのポイント！ **メタルフレームは堅く、セルフレームは柔らかい印象**

【「服の力」は細部に宿る編】

Checklist チェックリスト

- □二流の男は、傷んだ靴でも見て見ぬふりをする。
- □二流の男は、1足の靴を何日も続けて履く。
- □二流の男は、ネクタイが結べていればいいと思っている。
- □二流の男は、ネクタイのケアのしかたを知らない。
- □二流の男は、ベルトの穴が擦り切れている。
- □二流の男は、ポケットチーフを使ったことがない。
- □二流の男は、くたびれた財布を使っている。
- □二流の男は、服の整理整頓が苦手だ。
- □二流の男は、洋服ブラシを持っていない。
- □二流の男は、定期的な服装のケアをしていない。

おわりに

最後までお読みいただき、ありがとうございます。

男性の服装術には本来もっと細かい基本やルールがあるのですが、本書では、特に初心者の方のために**「社会人になったら最低限知っておいてほしいこと」**を中心に書かせていただきました。

イタリアやイギリスなどのヨーロッパ諸国では、子どもの頃から**「たしなみ（心得）」**として当たり前に**「服装術の基本」**を身につけますが、日本では残念ながら、そのような習慣はありません。親から教えられたとか、学校で教えてもらったという人もほとんどいないと思います。

それも無理もないことで、日本での洋装の歴史は西洋に比べて150年足らずと浅いのです。明治4年（1871）に明治政府で服装会議が行われ西洋服が採用されると、それまでの和服文化をあっさりと捨てて西洋化に邁進してきたのです。

きちんとした洋装の教育を受けてこなかった日本人の多くは、衣服に対する能力に、まだまだ目覚めていないといえるでしょう。一方で、女性よりも男性のほうが、TPOに対応する能力は本能的に高いと感じています。女性は、生きるための「食」に本能を見出しがちですが、男性はやはり「仕事」。**仕事着をきちんと身につけることは、男としての責任でもあるのです。**

日本人は、単に模倣《もほう》するだけでなく、それに手を加えて新たな価値を生み出す能力に長けています。また、和の文化で培《つちか》った素晴らしい感性も潜在的に備えています。

日本は世界的に見ても教育水準は高いのです。最近の男性は、ちょっぴりやわになっていますが、学びさえすれば、きちんと着こなし、服装を自身の力にすることができるはずです。

　また、日本の男性の中で「この人のセンスは一流だ」と感じられる人は意外にも、様々な場数を踏んだ普通のビジネスマンに多く存在します。主張しすぎず、社会性に優れた装いで、その人自身が生かされているのです。そのような人は、自分の服装をひけらかすことはありません。一流のスーツで身を包んでいたとしても、それを感じさせることはありません。周囲への配慮に心がこもっているのです。

　そのような話を大学や、新入社員対象の講演会などでですると、

「今まで何も考えずに服を着ていました」

「もっと早くこういう話が聞きたかったです」

「おしゃれは大好きだけれど、自分の考えは甘かったなと思いました」

「その場に適切な服を選べる大人になりたいと思います」

「ファッションはコミュニケーションのひとつだと考えると、絶対におろそかにしてはいけないと思いました」

「その人が行く場所、環境、周りを取り囲むすべてを考えて、ファッショ

ンがギフトになる。何かとても衝撃的でした。今まで考えたことのないことでした」

など、10代、20代の方々からも、感想やコメントがたくさん寄せられるほどに、反響は大きいと感じています。

これからの時代を生き抜くには、**「装力」（外見で損をしない力）**が必要です。どんなスキルにも共通することですが、基礎があった上で、自分のものにすることができるのです。

「服育」（衣服で生きる力を育てる）を継続的に習慣や教育に組み込ませていきましょう。そして、そのような教養を身につけた大人をたくさん育てることが、日本の未来を明るくすることにつながるはずです。

さあ、今日からできることを一歩一歩、はじめましょう。

政近準子

参考文献

『被服行動の社会心理学―装う人間のこころと行動』
　神山進編集／高木修監修、北大路書房
『〔新版〕男の服装術 ―スーツの着こなしから靴の手入れまで』
　落合正勝／ＰＨＰ研究所
『「男」お洒落指南』落合正勝／主婦と生活社
『優雅の条件』加藤和彦／京阪神エルマガジン社
『スーツの百科事典』出石尚三／畑埜佐武郎監修／万来舎
『モードの方程式』中野香織／新潮社
『性とスーツ ―現代衣服が形づくられるまで』
　アン・ホランダー／中野香織訳／白水社
『大人の男の服装術』滝沢滋／ＰＨＰ研究所
『9割の人が間違った買い物をしている　成功している男の服選びの秘訣40』
　宮崎俊一／講談社
『色だけで強運になれる技術―仕事、恋愛、お金も思いのままの色彩心理学』
　木下代理子／ＰＨＰ研究所
『洒脱自在　おとなとしてシックに服とつきあう本』遠山周平／中央公論新社
『ビッグマンスペシャル　大人のスタイル基本の「き」』世界文化社
『男の道具　手入れがわかる本』成美堂出版
『デキる！「大人の男」の作法＆仕事術』細川馨監修／西東社
『働く女性のスタイルアップ・レッスン』政近準子／日本実業出版社
『「似合う」の法則』政近準子／集英社

Special Thanks

ソリマチアキラ（イラストレーター）
http://www.tis-home.com/akira-sorimachi

信濃屋（日本で初めての洋品店）
http://www.y-shinanoya.co.jp/top.html

ユニオンワークス（靴修理、鞄修理）
http://www.union-works.co.jp/

※一流の男たち Tomoh Kinoshita, Jun Goto, Kazutaka Gunji, Miki Yagi, Masato Kawai, Motoyuki Ohnishi, Tomonori Obuchi（大切な友人たち）が初のメンズ本を制作するにあたり、協力を惜しまず貴重なアドバイスを寄せてくれました。その他、フリー編集者の青木由美子様など、多くの方からもご意見を伺うことができ、本書の制作に役立てることができました。
また、この本で生まれ変わる人が次々に現れるのが楽しみだと共感くださり、洗練されたイラストを描いてくださったソリマチアキラ様。一番身近で、私がこの本で伝えたいことを理解し、資料集めに走り、一緒に考えてくれたファッションレスキュースタッフ・中村龍太のおかげで見ても愉しめ、中身が一層濃い本になりました。

そして最後に、私がどんなに大変なときも寄り添い、励まし、仕事を進めてくださった編集の佐藤千恵様、いつも新鮮で的を射たアドバイスをくださるかんき出版の谷英樹様、関わってくださったすべての方に、この場を借りて、心からお礼申し上げます。ありがとうございました。

【著者紹介】

政近　準子（まさちか・じゅんこ）

◉――パーソナルスタイリスト創始者。㈲ファッションレスキュー社長。パーソナルスタイリストプロ育成校・ＰＳＪ学院長。

◉――1965年、広島県生まれ。大手アパレル企業でデザイナーとして勤務したあと、25歳でイタリアへ移住。帰国後、2001年に日本で初めて個人向けスタイリングサービスを提供する「ファッションレスキュー」を創業。タレント、政治家、経営者、ビジネスパーソンなど幅広い層のスタイリングを手がけ、顧客は１万人以上。著者のアドバイスにより、「人生が変わった！」、「自分の進むべき道がわかった」、「上司とうまくコミュニケーションがとれるようになった」など、「服の力」による効果に、驚きの声が多数寄せられている。

◉――NHK「あさイチ」「東京カワイイ★TV」、日本テレビ「スッキリ!!」、テレビ東京「ワールドビジネスサテライト」に出演するなど、各種メディアでも活躍中。

◉――著書に『働く女性のスタイルアップ・レッスン』（日本実業出版社）、『「似合う」の法則』（集英社）がある。

■ ファッションレスキュー公式サイト
http://www.fashion-rescue.com/

■ 政近準子公式ブログ
http://ameblo.jp/jmasachika/

■ 政近準子フェイスブックページ
https://www.facebook.com/junkomasachika

一流《いちりゅう》の男《おとこ》の勝《か》てる服《ふく》　二流《にりゅう》の男《おとこ》の負《ま》ける服《ふく》　〈検印廃止〉

2013年２月18日　第１刷発行

著　者――政近　準子Ⓒ
発行者――斉藤　龍男
発行所――株式会社かんき出版
東京都千代田区麹町4-1-4西脇ビル　〒102-0083
電話　営業部：03(3262)8011㈹　編集部：03(3262)8012㈹
FAX　03(3234)4421　振替　00100-2-62304
http://www.kankidirect.com/

印刷所――シナノ書籍印刷株式会社

乱丁・落丁本は小社にてお取り替えいたします。

ISBN978-4-7612-6892-3 C0030